El poder
de la
Persistencia

Daniel M. Richards

El poder de la Persistencia

TALLER DEL ÉXITO

El poder de la Persistencia

© 2008 · Daniel M. Richards
© 2008 · Taller del Éxito Inc

Editorial Taller del Éxito
Estados Unidos

Editorial dedicada a la difusión de libros y audiolibros de desarrollo personal, crecimiento personal, liderazgo y motivación.

ISBN: 1-931059-95-0

Printed in the United States of America

Primera edición, 2006
Primera reimpresión, marzo de 2008

Índice

Introducción

¿Qué hace que ciertas personas persistan en alcanzar aquello que se han propuesto, a pesar de enfrentar grandes reveses, múltiples caídas o adversidades que harían desistir a cualquier otro? Es indudable que de todas las cualidades que admiramos en las personas de éxito, quizás la que celebramos con mayor entusiasmo es su capacidad para persistir y no darse por vencidos.

Independientemente de que tu meta sea construir un negocio exitoso, competir en los juegos olímpicos, convertirte en un líder que influya positivamente en la vida de otras personas, o lograr algo nunca antes alcanzado por otro ser humano, ten la seguridad que el lograrlo requerirá de una gran dosis de perseverancia y tenacidad.

Las grandes historias de éxito han sido historias de persistencia; hombres y mujeres que debieron perseverar aún frente a las peores circunstancias. Personas que debieron levantarse una y otra vez para retomar el camino que les conduciría a la realización de sus sueños. Su tesón y su gran deseo por ver sus sueños realizados, fueron los responsables de que al fin del día pudieran saborear el dulce sabor de la victoria.

Al presidente estadounidense Calvin Coolidge se le atribuye una de las frases más celebres sobre la persistencia: "Nada en el mundo reemplaza la persistencia. El talento no, pues nada es más común que fracasados con gran talento. El genio no, ya que la falta de reconocimiento a la genialidad es casi proverbial. La educación no, puesto que el mundo está lleno de personas *sobre-educadas*. La persistencia y la determinación parecen siempre prevalecer".

Esta idea ha inspirado a muchos a perseguir sus sueños, inclusive en contra de los consejos, augurios y pronósticos menos alentadores. Su actitud les permitió sobreponerse a grandes reveses cuando lo más sensible y lógico hubiese sido aceptar la derrota y cambiar de rumbo. En sus momentos más difíciles, la acción persistente les ayudó a mantener un alto nivel de motivación y una actitud positiva.

Curiosamente, en la persona promedio, la persistencia parece ser una de esas cualidades que va desapareciendo a medida que pasan los años. De niños, solíamos tener una gran capacidad para sobreponernos con rapidez a las caídas. No obstante, a medida que pasan los años algo extraño sucede, las dificultades comienzan a afectarnos más y más, y la recuperación es cada vez más lenta. Rehusamos a intentar de nuevo o comenzamos a actuar con excesiva precaución. Nos volvemos más susceptibles a lo que los demás puedan pensar y poco a poco vamos perdiendo la confianza en nosotros mismos.

A todo esto se suma el hecho de que si experimentamos un tropiezo, o no alcanzamos la meta que nos habíamos propuesto en la fecha que habíamos programado, nunca faltará alguien que rápidamente vendrá a nuestro lado a decirnos: "¿Ves? ¡Te lo dije! ¡Te lo advertí! Lo mejor que puedes hacer es olvidarte de todas esas fantasías de querer llegar más lejos, o alcanzar metas tan altas. Confórmate con lo que tienes y da gracias que la caída no fue mayor".

Desgraciadamente, en muchas ocasiones, basta esto para hacernos renunciar a las metas que nos habíamos propuesto. Para evitar que esto suceda debemos ser conscientes que los fracasos sólo son el comienzo de un aprendizaje y no el final del camino. Las caídas no son mas que circunstancias que se nos presentan con el propósito de enseñarnos alguna lección. Son eventos que nos obligan a detenernos y reflexionar acerca de los medios que estamos utilizando para lograr nuestros propósitos.

Es importante no confundir fracaso con fracasado. El fracaso puede ser nuestro mejor aliado para alcanzar nuestras metas, ya que nuestros errores nos dan la oportunidad de aprender y crecer. El verdadero fracasado es aquel que decide identificarse con su error, se adueña de él y lo utiliza como excusa para justificar su retirada.

Como verás a lo largo de este libro, los grandes triunfadores han sido personas que experimentaron muchas más caídas y fracasos que otros. No obstante, ellos no se dieron por vencidos y no permitieron que sus circunstancias, por precarias que fueran, se convirtieran en obstáculos para lograr sus metas.

Por supuesto que muchos de ellos pensaron en renunciar en algún momento, pero aún en esos momentos de duda se mantuvieron firmes en su propósito. El escritor Rudyard Kipling escribió un hermoso poema sobre el verdadero poder de la persistencia. En él encontrarás la esencia del espíritu persistente y tenaz que caracteriza a todas y cada una de las personas cuyos ejemplos de vida verás a lo largo de este libro.

Cuando vayan mal las cosas como a veces suelen ir,
cuando ofrezca tu camino sólo cuestas que subir,
cuando tengas poco haber pero mucho que pagar,
y precises sonreír aun queriendo sollozar.

Cuando vayan mal las cosas como a veces suelen ir,
cuando ofrezca tu camino sólo cuestas que subir,
cuando ya el dolor te agobie y no puedas ya sufrir,
descansar acaso debas, pero nunca desistir.

Tras las sombras de la duda, ya plateadas, ya sombrías,
puede bien surgir el triunfo, no el fracaso que temías,
y no es dable a tu ignorancia figurarse cuan cercano,
puede estar el bien que anhelas y que juzgas tan lejano.

Lucha, pues por más que tengas en la brega que sufrir.
¡Cuando todo esté peor, más debemos insistir!

Tu atributo personal más grande es tu voluntad y decisión para mantenerte al frente de cualquier empresa o aventura que decidas emprender mucho más tiempo del que cualquier otra persona estaría dispuesta a hacerlo.

La persistencia es el gran diferenciador entre vivir una vida exitosa y vivir una vida promedio. Pregúntate qué clase de vida quieres vivir. Esa es la verdadera elección.

Antes de responder, piensa en lo que afirmó Winston Churchill cuando le preguntaron sobre la inevitable participación de su país en la segunda guerra mundial. Él dijo: "La guerra es horrible, pero la esclavitud es peor". Lo mismo se puede decir del fracaso: las caídas son terribles, pero la mediocridad es peor.

En cierta ocasión en que había sido invitado a dirigirse a los alumnos de Harrow –la escuela de su infancia—, luego de ser presentado ante los cientos de oyentes que ansiosamente esperaban uno más de sus inspiradores mensajes, Winston Churchill se levantó, tomó con una mano la solapa de su abrigo, colocó la otra mano en su espalda y pronunció uno de los discursos más breves y significativos que hayan sido pronunciados por estadista alguno.

Mirando a aquellos que serían los futuros líderes de Inglaterra, les dijo:

"Nunca, nunca se den por vencidos. Nunca se den por vencidos en nada que sea grande o pequeño, sublime o trivial. Nunca se den por vencidos. Nunca, nunca, nunca".

Tras lo cual el gran estadista miró solemnemente a sus jóvenes oyentes y volvió a sentarse sin decir más.

¿Cómo puedes desarrollar esa actitud persistente en tu propia vida? En los siguientes capítulos quiero compartir contigo doce cualidades que te permitirán desarrollar esa misma persistencia y tenacidad a la que se referían Coolidge, Kipling y Churchill. Ten presente que, al igual que en cada uno de los hombres y mujeres cuyas historias leerás, en ti está la decisión de darte por vencido o persistir hasta ver tus sueños hechos realidad.

CAPÍTULO UNO

CAPÍTULO UNO

Suéñalo y podrás lograrlo

Soñador: (1) Romántico. Persona que permite que sus sueños y metas guíen su vida y sus acciones. (2) Se dice de la persona que construye en su imaginación una realidad mucho más amable de lo que verdaderamente es. (3) Idealista. Que tiende a representar las cosas de una manera más ideal, sin tener en cuenta la realidad presente.

Todos aquellos cuyos nombres evocan en nosotros admiración, supieron de la importancia que tiene comenzar el camino con un gran sueño. Ellos comprendieron que es imposible lograr un sueño o una meta que no se tiene. Hasta tanto tú no tengas objetivos claros, definidos y precisos, no lograrás utilizar al máximo el potencial que ya se encuentra dentro de ti. De igual manera, debes saber que aquello que persigas determinará el lugar en donde vas a terminar. Así que no te conformes con sueños pequeños cuando la vida tiene tanto que ofrecer. ¡Sueña en grande!

J.C. Penney, fundador de la cadena de almacenes que lleva su nombre, solía decir: "Muéstrame un obrero con grandes sueños y en él encontrarás un hombre que puede cambiar la historia. Muéstrame un hombre sin sueños y en él hallarás a un simple obrero". Esta idea resume de manera brillante uno de los principios esenciales del éxito: son nuestros sueños los que le dan validez a nuestro trabajo. Ellos son el combustible que mantiene ágil nuestro andar. Saber hacia donde vamos nos ayuda a enfocar nuestra energía. Y cuando el camino se pone pesado y pensamos en desistir, son estos sueños los que nos ayudan a recobrar nuestro entusiasmo inicial.

Ten presente que el éxito es el resultado de una profecía hecha realidad. Cuando creamos una imagen, una fotografía mental de lo que deseamos alcanzar, nuestra mente hará que nuestra realidad exterior esté en armonía con nuestra realidad interna. Ella se encargará de mostrarnos el camino mediante el cual podemos hacer realidad dichos sueños.

Sólo toma un minuto

Willie Jolley, autor de *El Reto*, comparte en su libro esta idea, la cual, a mi modo de ver, describe brillantemente la gran diferencia que existe entre los soñadores que se encargan de realizar sus sueños y aquellos que simplemente fantasean con ideas que quisieran ver hechas realidad, pero que no actúan.

"En cada vida llega un momento,
un minuto en que debes decidir
pararte y vivir tus sueños,
o caerte y vivir tus temores.

En ese minuto de decisión,
debes enfocar tu visión
e invocar el poder que descansa
profundamente dentro de ti.

Entonces verás que los sueños
realmente se hacen realidad,
y que todas las cosas
son realmente posibles
si tú simplemente te atreves a creer.
¡Sólo toma un minuto cambiar tu vida!"

José Hernández: un mexicano encargado de la conquista de Marte

Un sueño en la mente de una persona decidida tiene la capacidad de cambiar el mundo. Bien decía Walt Disney, "todo comienza con un sueño".

El 6 de mayo de 2004 José Hernández, de origen mejicano, vio su sueño hecho realidad. Ese día se convirtió en astronauta de la NASA, y pasó a ser parte de una nueva generación de viajeros espaciales, encargados con la misión de continuar con la incesante exploración del universo. Sin embargo, para convertir su sueño en realidad tuvo que trabajar con determinación y empeño durante tres décadas.

Sus padres, humildes campesinos procedentes del estado de Michoacán en la República Mexicana, emigraron a Estados Unidos en busca de un mejor futuro.

José nació en French Camp, California. De niño trabajó junto a sus padres en la recolección de frutas y verduras en los campos de cultivo. Cada año, en noviembre cuando se terminaba la cosecha, él y su familia viajaban a México, donde permanecían hasta el mes de febrero, época en que realizaban nuevamente el viaje al norte, donde él y sus hermanos una vez más se inscribían en la escuela. Debido al cambio constante de residencia y escuela, José no aprendió inglés sino hasta los doce años.

"Mis padres son campesinos. No obstante, pese a que ellos sólo llegaron al tercer grado de primaria, le daban mucha importancia a la educación. Siempre se preocuparon porque termináramos las tareas y trajéramos buenas calificaciones a la casa. Por eso es que creo que todo empieza en el hogar, y empieza con los padres. Gracias a ellos y a sus expectativas, me motivé para seguir adelante. Porque los padres pueden impactar a los hijos, pero son los hijos los que tienen que tener el interés de seguir adelante", dijo José cuando fue presentado oficialmente en la NASA.

José Hernández recuerda cuando vio las borrosas imágenes en televisión a blanco y negro de los astronautas del Apolo Once caminando en la luna. Desde ese momento él supo que quería ser astronauta. Julia, su madre, recuerda que de niño su hijo veía con frecuencia el programa *Viaje a las estrellas* y siempre hablaba de su sueño de ser astronauta.

Sin embargo, el camino para lograr ese sueño no fue fácil. El proceso de selección de cada nueva generación de astronautas es bastante competitivo. Se presentan alrededor de tres mil o cuatro mil personas que llenan los requisitos necesarios para ser considerados. De ellos se seleccionan los trescientos mejor calificados, y de ahí escogen a cien finalistas. A este grupo selecto se le invita a pasar una semana en las instalaciones de la NASA donde los candidatos son entrevistados, se les realizan exámenes físicos y psicológicos, y de ahí se escogen los diez o quince nuevos astronautas.

José se postuló, y fue rechazado, durante doce años seguidos. Tres veces llegó a quedar en el grupo de los cien finalistas. La cuarta vez fue seleccionado. Recordando este periodo de continuos rechazos, José afirma, "no se trata de qué tan inteligente eres, sino de qué tanto deseas tu sueño y qué estás dispuesto a hacer para conseguir lo que quieres. Tienes que persistir y no aceptar ningún 'no' como respuesta".

Este logro era el resultado de una decisión que había tomado gran fuerza aquel día cuando, mientras se encontraba trabajando en la granja en sus tareas habituales, escuchó por radio que Frank Chang Díaz, un hispano de origen costarricense, había sido elegido para prepararse como astronauta. Desde ese momento, Chang Díaz fue una fuente de inspiración que lo motivó a seguir sus pasos.

Él sabía que la única manera de lograr su sueño era a través de la educación, así que decidió estudiar ingeniería. En 1984 obtuvo su título de ciencias en ingeniería eléctrica de la Universidad del Pacífico. Luego obtuvo su maestría en ciencias en ingeniería eléctrica de la Universidad de California.

En 1987, ingresó a los laboratorios Lawrence Livermore, donde formó parte del equipo encargado de desarrollar el primer sistema de imagen digital para la mamografía, que ayuda en la detección temprana del cáncer de seno. Posteriormente trabajó en el Centro Espacial Jonhson, en Houston, como jefe de materiales y rama de procesos.

"Cualquier meta se puede lograr", dice José, haciendo énfasis en que la falta de recursos o el proceder de una familia pobre no deben ser excusas para no salir adelante. "Mis padres eran campesinos. Sin embargo, yo tenía la meta de ser astronauta. Estaba dispuesto a luchar por ella, y sabía que la educación era clave para obtenerla. Es muy importante que el individuo tenga ganas. La meta no va a venir a nosotros. Somos nosotros quienes tenemos que ir a la meta".

Pero más que hacer historia como uno de los pocos astronautas latinos, José quiere ser un ejemplo para la juventud latinoamericana. Los hispanos conforman alrededor de un cinco por ciento de los empleados que hay en la NASA, contratados principalmente en las áreas de ingeniería aeroespacial, ingeniería electrónica y otras ingenierías. Una de sus metas es motivar a más jóvenes latinos para que continúen sus estudios en el campo de la ciencia.

José, quien es padre de cinco hijos, no olvida sus comienzos ni su herencia cultural. "Cualquier oportunidad que tengo la aprovecho para visitar México con mi familia. No quiero que mis hijos se olviden de su cultura y su idioma. Deseo que aprecien la tierra de donde son sus abuelos y conserven su cultura como la he conservado yo".

Los logros de José Hernández son un gran tributo al poder de un sueño, cuando éste está respaldado por nuestra disposición para prepararnos y nuestro compromiso para hacerlo realidad.

Plan de acción

- Haz una lista de todo aquello que deseas lograr a corto y largo plazo. Incluye tus sueños y metas personales, profesionales, familiares, espirituales y materiales. Piensa en todo lo que deseas llegar a ser, tener, realizar, o conocer. Escribe rápido, deja que las ideas fluyan de tu mente. Esta será tu "lista maestra de sueños". Asegúrate de tenerla contigo en todo momento.

- ¿Qué te atreverías a intentar si supieras que es imposible fracasar? ¿Qué acciones te atreverías a realizar si tuvieras la plena certeza de que lo que escojas lo vas a lograr, porque no hay manera de fracasar? Piensa en grande.

Hoy me comprometo a:

_____

_____

_____

_____

_____

Capítulo Dos

Una autoestima a prueba de crisis

Autoestima: *(1) Opinión emocional profunda que los individuos tienen de sí mismos. (2) Apreciar y valorarse uno mismo. (3) Sentimiento valorativo que tenemos de nuestra manera de ser, de quienes somos, del conjunto de rasgos corporales, mentales y espirituales que configuran nuestra personalidad. (4) Manera como nos percibimos y valoramos, que puede crear confianza en nosotros mismos si es positiva, o llevarnos a desvalorizarnos si es negativa.*

La autoestima es en gran parte el resultado de nuestro diálogo interno y de aquello en lo cual elegimos enfocar nuestros pensamientos. Nos convertiremos en aquello en lo que pensemos constantemente. Por esta razón, es importante examinar las expresiones que solemos utilizar con mayor frecuencia al referirnos a nosotros mismos. Examina cada expresión y determina si estas afirmaciones te están ayudando o perjudicando. Cuestiona si están contribuyendo a construir una mejor autoestima o si te están debilitando como persona.

Si sueles utilizar con frecuencia expresiones como "soy un fracasado" o "soy un bueno para nada", pregúntate qué clase de imágenes estarán formándose en tu mente. Y más importante aún, ¿cómo te están afectando dichas imágenes? Ten cuidado de no crear ideas erradas acerca de tu verdadero potencial basado en una sola experiencia adversa, o peor aún, en la apreciación de otra persona. De otra manera, terminarás viviendo una vida llena de limitaciones que te detendrán para utilizar tu verdadero potencial, aun cuando éstas no existan mas que en tu mente.

Eleanor Roosevelt solía decir: "absolutamente nadie puede hacerte sentir inferior sin tu consentimiento." No basta tener seguridad en nuestras capacidades; el valor de la autoestima está fundamentado en un profundo conocimiento de nosotros mismos.

Eres una maravilla

"Cada segundo que vivimos es un momento nuevo y único del universo, un momento que nunca volverá a ocurrir de nuevo. Y ¿qué le enseñamos a nuestros niños? Les enseñamos que dos más dos son cuatro, y que París es la capital de Francia.

¿Cuándo les enseñaremos también lo que son?

Debemos decirle a cada uno de ellos: ¿Sabes lo que eres? Eres una maravilla. Eres único. En todos los años que han pasado nunca ha habido un niño como tú. Tus piernas, tus brazos, tus inteligentes dedos, la manera en la que te mueves.

Puede ser que te conviertas en un Shakespeare, un Miguel Ángel o un Beethoven. Tienes la capacidad para todo. Sí, ¡eres una maravilla!

Cuando crezcas, ¿crees que podrías entonces hacerle daño a otro que, como tú, es también una maravilla?

Debes trabajar –todos debemos trabajar— para hacer que el mundo sea digno de nuestros niños".

- Pablo Casals -

Roger Bannister:
Tú puedes si crees que puedes

Lo que el ser humano es capaz de lograr es asombroso, pero lo que generalmente logra es vergonzoso. Lo que cada persona hace con su vida es en gran parte el resultado de lo que cree poder lograr –de su autoestima—. Como lo demuestra la historia de Roger Bannister, cada uno de nosotros se encarga de cultivar dichas creencias. Quizás su nombre no sea reconocido por muchos, pero su logro es un ejemplo de lo que una gran autoestima puede conseguir.

Por muchos años el récord mundial de la carrera de la milla no bajó de los cuatro minutos. En 1903, después que una nueva marca había sido impuesta para esta competencia, Harry Andrews, director del equipo olímpico de la Gran Bretaña se había aventurado a profetizar: "el nuevo récord de la milla de 4 minutos 12.75 segundos, nunca será superado".

Así que tratar de correr una milla en menos de cuatro minutos era una locura aún mayor. Los atletas escuchaban de los médicos y científicos que era físicamente imposible para un ser humano correr una milla en menos de cuatro minutos. Por casi sesenta años los mejores atletas llegaron muy cerca de esta marca, pero nunca lograron superarla. ¿Por qué? Porque era imposible. Los médicos habían dicho que era imposible, que el cuerpo no soportaría tal esfuerzo y que el corazón, literalmente, podría explotar.

Hasta que un día un joven atleta británico llamado Roger Bannister anunció públicamente que correría la milla en menos de cuatro minutos. Era obvio que el muchacho había perdido los estribos. Todo el mundo descartó tal anuncio como una muestra de juvenil insensatez. Todos, menos él.

Inmediatamente después de haber hecho tan osado anuncio, Roger comenzó a entrenar para lo que, según él, ya era una realidad. Finalmente, el 6 de mayo de 1954, después de muchos tropiezos y caídas, se presentó la oportunidad que él había esperado. La competencia se llevaría a cabo en la Universidad de Oxford.

En su libro *La milla de los cuatro minutos*, Bannister describe aquel momento:

"...*acababa de tomar la última curva y no restaban*

más que 40 metros. Mi cuerpo había gastado todas sus energías pero continuó corriendo a pesar de eso. La única fuente de energía en ese momento era mi deseo de triunfar.

A sólo cinco metros de la línea de llegada, ésta parecía estar alejándose de mí. Esos últimos segundos parecieron eternos... Di el último salto hacia la línea de llegada como quien hace su último esfuerzo para salvarse de las garras que tratan de atraparlo. Había dado todo mi esfuerzo y caí casi inconsciente, con los brazos abiertos a cada lado de mi cuerpo.

Sólo entonces fue que comencé a experimentar el verdadero dolor. Sentí que mi cuerpo explotaba y no tenía ganas de vivir; seguí existiendo en el más pasivo de todos los estados físicos sin estar totalmente inconsciente. La sangre corría rápidamente por las venas de mis brazos y piernas, que estaban encalambradas. Supe que lo había logrado, inclusive antes de oír el tiempo oficial. Había estado demasiado cerca para no haberlo logrado, a menos que mis piernas me hubieran jugado una mala pasada al final, reduciendo la velocidad sin dejárselo saber a mi cerebro.

El cronómetro tenía la respuesta. De repente vino el anuncio:

'El resultado de la carrera de la milla es el siguiente. Tiempo oficial, tres minutos...' el resto se perdió entre los gritos de entusiasmo y algarabía de todo el estadio. Lo había logrado".

El tiempo exacto que marcó el cronómetro aquella tarde fue de tres minutos, 59.4 segundos. El mito había sido destruido. Sin embargo, esta marca no logró mantenerse por mucho tiempo.

Cuando la noticia le dio la vuelta al mundo algo sorprendente sucedió. En un instante, cientos de atletas de todas partes del mundo cambiaron su perspectiva frente a lo que el ser humano podía lograr. Esta hazaña había expandido los límites de lo posible. ¿Cuál fue el resultado? En menos de un año 37 atletas corrieron la milla en menos de cuatro minutos. Al año siguiente, 300 atletas habían logrado la misma hazaña. Hoy, la barrera de los cuatro minutos en la carrera de la milla es comúnmente sobrepasada, inclusive por jóvenes de la escuela secundaria.

Cuando se le preguntó cómo era posible que tanta gente hubiera logrado correr tan rápido en tan corto tiempo, Bannister dijo: "Nunca fue una barrera física, era tan solo una barrera sicológica".

No fue que de repente el ser humano se hubiera convertido en un ser más rápido. Lo que sucedió fue que los atletas entendieron que lograr tal hazaña no era una imposibilidad física. Lo único que estos atletas hicieron fue desalojar de su mente las creencias limitantes que los habían detenido para utilizar su verdadero potencial durante más de cinco décadas.

Sin embargo, la lección realmente importante es que las personas no comenzaron a creer debido a que el récord había caído. El récord cayó debido a que una persona comenzó a creer. La barrera no cayó en el momento en que Bannister cruzó la línea de meta y se anunció la nueva marca. Ella cayó la tarde en que Roger Bannister anunció públicamente que correría la milla en menos de cuatro minutos; no que "trataría" de mejorar la marca, ni que "haría su mejor esfuerzo" por romperla, sino que "¡correría la milla en menos de cuatro minutos!"

Todos tenemos barreras mentales que afectan nuestra autoestima, y la imagen que tenemos de nosotros mismos. Algunos, simplemente tomamos la decisión de deshacernos de ellas y al hacerlo, descubrimos nuestro verdadero potencial.

Plan de acción

- Muchas personas recuerdan con mayor claridad sus caídas que sus logros. Sin quererlo, se convencen de que han enfrentado muchos más fracasos que éxitos, lo cual puede crearles una imagen negativa de sí mismos. Una manera de comenzar a cambiar esta forma de pensar es hacer una "lista de victorias". Toma un papel y un lápiz y escribe todos los logros, grandes y pequeños, triviales y trascendentales, que has alcanzado durante el último año. De esta manera, cuando vuelvas a sentir que tu vida no ha sido sino una cadena de caídas y fracasos, puedes mirar tu lista y reencontrarte con tu verdadero yo.

- Comienza cada día haciendo un recuento de las habilidades y talentos que existen dentro de ti. Muchas personas fracasan, no porque no posean las cualidades para triunfar, sino porque tristemente no creen contar con ellas. Antes de que puedas desarrollar tus talentos, debes reconocerlos en ti mismo, reclamarlos como tuyos y actuar con la seguridad de quien sabe que cuenta con ellos.

Hoy me comprometo a:

_____

_____

_____

_____

_____

CAPÍTULO TRES

Cómo desarrollar una mentalidad de abundancia

Abundancia: (1) En gran cantidad. Que abunda. (2) Prosperidad o riqueza. (3) Gozar de un gran bienestar. (4) Contar con aquello que necesitamos en forma abundante, enfocándonos en nuestras fortalezas y no en nuestras debilidades.

La persona de éxito posee una mentalidad de abundancia y busca siempre enfocarse en sus fortalezas, mientras que la persona común y corriente tiende a concentrarse en sus debilidades. Y esta decisión de enfocarnos en la prosperidad o en la escasez se refleja en todas las áreas de nuestra vida. Ninguno de nosotros, por ejemplo, tuvo la opción de escoger nacer pobre, rico o promedio. Sin embargo, todos tenemos la absoluta libertad de elegir si deseamos vivir una vida de pobreza, una vida de riqueza, o una vida promedio. La elección está en nuestras manos.

Pero esta elección no se limita al área financiera exclusivamente. Debemos pensar en experimentar abundancia en todas las áreas de nuestra vida: salud, paz interior, finanzas, calidad de relaciones, logros profesionales, compasión con los demás. Muchas personas creen que si acumulan riquezas, ganan mejores salarios y aspiran a llegar a la cima más alta en sus profesiones, serán infelices, que nadie las querrá, que se volverán materialistas y perderán su espiritualidad.

Estas ideas son las causantes de que muchas de ellas vivan en un estado de pobreza y escasez constante. La razón por la cual muchos sufren de escasez exterior, es porque poseen escasez en su interior. Y esa limitante hace que se enfoquen en sus debilidades, que se vean como seres humanos imperfectos, disminuidos e incapaces.

¿Cómo puedes desarrollar una mentalidad de abundancia? Enfócate siempre en tus puntos fuertes, en tus mejores cualidades. Elimina las ideas que te mantienen enfocado en tus debilidades. La escasez –el estado mental opuesto a la abundancia— no es el resultado de la debilidad sino de la mediocridad. Aquello que hoy percibes como una debilidad no es mas que una fortaleza a la que aún no le has dedicado el tiempo suficiente.

Sembrar para el futuro

En un oasis enclavado en medio de una zona muy desértica, se encontraba de rodillas el viejo Elías, al pie de unas palmas datileras. Su vecino, Ismael, un acaudalado mercader, se detuvo allí para dar de beber a sus caballos, y vio a Elías trabajando arduamente en su huerta.

—"Qué tal Elías", dijo Ismael. "¿Qué haces trabajando bajo este sol implacable?"

—"Siembro", contestó el viejo.

—"¿Qué siembras?" Preguntó con curiosidad Ismael.

—"Dátiles", respondió Elías señalando el palmar.

—"¡Dátiles!", exclamó Ismael sorprendido, soltando una carcajada, como quien acaba de escuchar la mayor estupidez. "Parece que el calor te ha afectado el cerebro, querido amigo. Ven, deja esa tarea y vamos a la tienda a buscar algo de beber".

—"Aún no. Debo terminar la siembra. Luego, si quieres, beberemos algo", respondió Elías sin alterarse.

—Dime, amigo, ¿cuántos años tienes?

—Bien sabes que paso de los ochenta, pero eso qué importa.

—"Me extraña que no sepas que las palmas datileras tardan más de cincuenta años en crecer y dar frutos. Y aunque te deseo que ojalá vivas hasta los cien años, tú sabes que lo más probable es que nunca logres cosechar el fruto de tu arduo trabajo".

—"Ismael, durante mi vida he comido dátiles que otro sembró; otro que también supo que no llegaría a probarlos. Yo siembro hoy para que otros puedan comer dátiles mañana. Y aunque sólo sea en honor de aquel desconocido que sembró los que yo comí, vale la pena terminar mi tarea".

—"Me has dado una gran lección, Elías. Déjame que te pague esta enseñanza", dijo Ismael, poniendo en la mano del viejo una bolsa llena de monedas.

—"Te lo agradezco", respondió Elías. "Ya ves lo que acaba de suceder. Tú pronosticabas que no llegaría a cosechar lo que sembraba. Sin embargo, aún no termino de sembrar y ya coseché una bolsa de monedas y la gratitud de un amigo".

—"Tu sabiduría me maravilla, Elías. Esta es la segunda gran lección que me das hoy, y es quizás más importante que la primera. Déjame, pues, que pague también esta lección con otra bolsa de monedas".

—"Y en ocasiones sucede esto", continuó el anciano, mirando las dos bolsas. "Sembré, aún sabiendo que otro cosecharía, y antes de terminar de sembrar ya coseché no sólo una, sino dos veces".

—"Ya basta Elías, no sigas hablando, dijo Ismael sonriendo. Si continuas enseñándome más lecciones no me alcanzará toda mi fortuna para pagarte".

Anna Escobedo Cabral:
Expandiendo los límites de lo posible

La gran mayoría de las personas viven durante toda su vida ignorando el enorme potencial que reside en su interior. Sin embargo, unas pocas dedican su vida a desarrollar y expandir sus talentos y habilidades, y como resultado de ello, conquistan grandes éxitos. Pero de vez en cuando, nace un ser humano que decide dedicar su vida a ayudarle a otros a expandir los límites de lo posible, y sin proponérselo cambia el destino de una comunidad, un pueblo o una nación. Este es el caso de Anna Escobedo Cabral quien decidió que ésta sería parte de su misión de vida.

Después del cargo de presidente, la suya es la segunda posición más antigua en el gobierno federal de los

Estados Unidos. Como nueva tesorera, Anna Escobedo Cabral, no sólo estampará su firma en los billetes y monedas del país, sino que se ha convertido, para su familia y para quienes ahora la conocen, en un claro ejemplo de lo que significa lograr el sueño americano. Sus abuelos inculcaron en Anna el amor por este país, y por la libertad y oportunidades que ofrecía.

Anna nació en California, y es la tercera generación de una familia de inmigrantes mexicanos que llegó a Estados Unidos con la esperanza de un mejor futuro. Las dificultades que debió enfrentar en su niñez, y el haber sido testigo del dolor que la pobreza puede causar a tantas familias y comunidades, moldearon su carácter y guiaron sus aspiraciones profesionales desde muy joven.

Anna ha sido inspirada por la visión de su familia. Ella afirma: "Mi padre me enseñó a trabajar duro y a creer que no hay nada imposible".

"Yo fui la primera persona en una familia bastante grande en graduarme de la universidad. Mi padre fue un hombre decidido a sacar adelante a su familia, sin importar lo que tuviera que hacer. Trabajó muy duro con su espalda y sus manos en labores que requerían más fuerza de la que su cuerpo podía dar. Sin embargo, él estaba totalmente resuelto a hacer todo lo que fuera necesario para crear una mejor oportunidad de vida para la siguiente generación. Su gran sueño era que sus hijos se pudieran graduar de la escuela secundaria –algo que ni él ni mi madre habían podido lograr".

Cuando su padre perdió el trabajo, después de quedar permanentemente incapacitado, debido a las múltiples operaciones de la espalda a las que había sido sometido, su madre debió desempeñarse en varios empleos. Anna recuerda cuando caminaba con su padre por las calles recogiendo latas de aluminio, metal, cajas y cartones que después separaban para revender. Un trabajo que no les dejaba más de 200 dólares mensuales. "Éramos muy pobres, vivíamos en un vecindario donde los jóvenes se mataban los unos a los otros, o se mataban ellos mismos con las drogas y otros vicios. Ese fue el medio en el cual yo crecí".

"Recuerdo que en tercer grado de primaria la profesora me dijo que yo era una estúpida, que yo no hacía ningún esfuerzo por aprender, y que ella estaba desperdiciando su tiempo tratando de enseñarme. En ese momento tomé la decisión de no volver a permitirle a nadie que me hablara de esa manera, y comencé a trabajar más duro que nadie en la escuela".

En la escuela secundaria tuvo un encuentro con otro profesor, esta vez, el de matemáticas, Philip Lamm. Anna cuenta cómo él la ayudó a sobreponerse a sus propias dudas, a expandir su visión y darse cuenta de todas las posibilidades que se encontraban frente a ella y de todo lo que podía hacer con su vida. "Él insistió en que llenara la solicitud para la universidad, fue hasta mi casa y convenció a mis padres para que me dejaran asistir a la universidad".

"En la universidad encontré un mundo totalmente distinto, jóvenes que tenían una perspectiva distinta del mundo, diferentes valores, costumbres y factores que los motivaban. Descubrí un mundo de oportunidades que quizás mis primos y mis amigos nunca iban a tener, no porque no las merecieran o porque no fueran capaces, sino porque la visión del mundo a la cual ellos estaban expuestos en sus vecindarios era muy limitada".

"Nuestra visión siempre está delimitada por la perspectiva que nos ofrece el medio y nuestras experiencias. Recuerdo que cuando regresaba a casa de la universidad, durante las vacaciones, la gente en mi vecindario continuaba haciendo las mismas cosas que hacía antes de que yo partiera. Algunos jóvenes habían muerto como consecuencia de las drogas o la violencia".

Por esta razón, desde muy temprano en su carrera profesional, Anna decidió que parte de su misión personal sería ayudar a otros a expandir su visión de lo que era posible lograr en la vida, y mostrarles cómo, por medio de la educación, podían romper el ciclo de la pobreza.

Anna se graduó en ciencias políticas en la Universidad de California; luego obtuvo su maestría en administración pública con énfasis en comercio internacional y finanzas en la Universidad de Harvard. Su éxito es una muestra del espíritu emprendedor de toda una familia que a través de varias generaciones logró demostrar que nada es imposible para quien tiene el carácter y la determinación de triunfar sin importar las circunstancias.

Para lograr el éxito en cualquier actividad que uno se proponga, es necesario conocer nuestros valores y principios y permitir que ellos guíen nuestra vida. "Yo crecí en un mundo donde era etiquetada como mejicana, a pesar de haber nacido en Estados Unidos. En las décadas siguientes, la comunidad latina experimentó grandes cambios, y yo me convertí en méjico-americana. Después pasé a ser chicana, luego hispana y ahora latina. Y todos estos rótulos de alguna manera se aplican a mí. Ellos me permiten tener siempre presente mi cultura, identidad, costumbres, creencias, experiencias y, sobre todo, las contribuciones realizadas por mis antepasados".

El pasar de recoger latas de aluminio en las calles para revenderlas, a ser la tesorera de la mayor potencia en el mundo, es un tributo al espíritu de abundancia que le da a los seres humanos la opción de enfocarse en sus fortalezas, en lugar de permitir que las circunstancias definan y limiten su futuro.

Plan de acción

• Comienza hoy con la tarea de descubrir tu verdadero potencial. Identifica los recursos con que cuentas para empezar a hacer de tus sueños una realidad. Esfuérzate en identificar y desarrollar las habilidades y destrezas que posees para avanzar en el camino hacia tu éxito. Recuerda que dentro de ti se encuentra la semilla de grandeza necesaria para triunfar. ¿Por qué vas a ignorar todo lo que ya sabes?

• Identifica también los obstáculos o debilidades que sientes que hasta ahora no te han permitido lograr los resultados que deseas alcanzar en tu vida. Descríbelos claramente, y frente a cada uno de ellos escribe las decisiones que estás dispuesto a tomar hoy para eliminar dichas debilidades.

Hoy me comprometo a:

_____

_____

_____

_____

CAPÍTULO CUATRO

Cuando el carácter se ha perdido, todo se ha perdido

Carácter: (1) Del latín "character", hierro de marcar. (2) Señal o marca que se imprime, dibuja o esculpe en cualquier cosa. (3) Cualidad de la persona que se mantiene firme en su línea de conducta. (4) Rasgo distintivo, o modo de ser de la persona con referencia a su actitud, reacciones frente a la vida y al trato con otros. (5) Conjunto de atributos, valores y principios que caracterizan a la persona.

*E*l carácter de la persona de éxito está moldeado por una serie de valores, principios y atributos que le permiten percibir el mundo que la rodea de una manera distinta a como lo ve la persona promedio.

La persona pesimista vive en un mundo negativo y deprimente, mientras que el optimista se mueve en un mundo positivo y lleno de oportunidades. La verdad, obviamente, es que se trata del mismo mundo. Las diferencias que ellos observan son sólo el resultado de sus pensamientos, su visión y, sobretodo, su carácter. Quien posee un carácter perseverante no ve obstáculos, sino retos; domina sus impulsos para ser dueño de su voluntad; encuentra alegría en lo que hace, sin conformarse con ser feliz a través de los placeres pasajeros.

¿Qué tan importante es mantener este carácter? Quizás Emerson lo expresó de la mejor manera cuando dijo: "Cuando la riqueza se ha perdido, nada se ha perdido; cuando la salud se ha perdido, algo hemos perdido; cuando el carácter se ha perdido, todo se ha perdido".

Haz la promesa

Haz la promesa de ser tan fuerte que nada ni nadie
pueda perturbar la paz de tu espíritu.
De hablar de salud, progreso y felicidad.
De hacer sentir a tus amigos
quehay algo grande en ellos.
De ver todo por el lado noble y hermoso,
haciendo que tu optimismo sea sincero.

De pensar sólo en lo mejor y esperar sólo lo mejor.
De tener tanto entusiasmo por el éxito de los demás
como por el tuyo propio.
De olvidar los errores del pasado
y luchar por las grandes realizaciones del porvenir.
De llevar todo el tiempo un semblante alegre,
y tener siempre una sonrisa para todos.

De emplear tanto tiempo en tu mejoramiento,
que no tengas lugar para criticar a los demás.
De ser tan grande frente a los obstáculos,
tan noble para la cólera, tan fuerte ante los temores,
que tu felicidad no tema
la presencia del dolor, ni del fracaso.

- Christian D. Larson -

Madre Teresa de Calcuta:
Carácter, amor y devoción sin límites

Es fácil mantener una actitud positiva cuando todo sale como lo esperabas y el mundo que te rodea está en armonía con aquello que consideras importante. Lo difícil es mantener ese mismo optimismo cuando las cosas no se dan como las has planeado; cuando las circunstancias que te rodean son tan deplorables y penosas que es casi imposible encontrar algo positivo.

Ante tales circunstancias, la mayoría de las personas prefiere cerrar los ojos o mirar en otra dirección para no tener que ser testigos de tanta miseria y dolor. No obstante, frente a esta misma realidad, la persona tenaz se hace más fuente; rehúsa a dejarse vencer, y en lugar de debilitarse, su carácter se fortalece con cada caída o reto que encuentra en el camino.

Este es el caso de una mujer admirada por todos, poseedora de un carácter, un amor y una devoción sin límites: la madre Teresa de Calcuta. Una mujer que dedicó toda su vida a cuidar y dar amor y esperanza a los seres más necesitados del planeta.

La imagen que la mayoría de nosotros tiene de ella es la de una mujer sencilla, humilde, con evidentes huellas del trabajo y el paso del tiempo en su rostro; una mujer con un tamaño diminuto, que contrastaba con su gigantesca estatura moral y su espíritu joven y entusiasta. Su aspecto menudo y frágil, y su atuendo blanco con franjas azules ha quedado grabado para siempre en la retina, y en los corazones de millones de personas en todo el mundo. Quien la conoció difícilmente podrá olvidarla, ya que dedicó su vida a sembrar amor, fe y esperanza, y sin proponérselo, mostró al mundo lo que una persona puede hacer con sencillez, humildad y amor.

Teresa de Calcuta nació en Skopje, hoy Macedonia, y fue bautizada con el nombre de Agnes Gonxha Bojaxhiu. Sus padres eran albaneses que habían llegado a la entonces Yugoslavia a principios de siglo. Agnes tuvo una infancia con muchas comodidades dado que su padre era propietario de una empresa constructora. Su madre, Dronda, creía en hacer el bien a los demás siempre que hubiese la oportunidad, evitando hacer alarde de ello. Esto influyó grandemente en la pequeña Agnes.

Cuando contaba con tan solo 18 años de edad, tomó su primera gran decisión, resolvió entrar a formar parte de la Orden de las Hermanas de Nuestra Señora de Loreto en Irlanda. Después de nueve años de rigurosa preparación, trabajo y estudio en Dublín y en la India, donde aprendió inglés, hindi y bengalí, tomó los hábitos en 1937. Años antes, había adoptado el nombre de Teresa, en homenaje a Santa Teresa de Ávila.

Pero, ¿cómo empezó la madre Teresa de Calcuta este camino que haría de ella un majestuoso símbolo de amor y entrega a los demás? Para entender el afecto que sentía por los pobres del mundo entero, es necesario ver las circunstancias que la rodeaban cuando recibió su primera asignación después de tomar los hábitos.

En 1929 había sido comisionada para enseñar geografía en un colegio de secundaria para niñas en Calcuta. Por aquella época las calles de la ciudad se mantenían atiborradas de leprosos y desamparados mendigando algo de comer. Los niños indeseados eran regularmente abandonados a su suerte en las calles o, peor aún, botados a la basura. Esta era la realidad que la rodeaba mientras ella se dedicaba a la enseñanza.

Fue entonces cuando, mientras viajaba en tren de regreso a la población de Darjeeling en la India, Teresa descubrió su verdadera misión de vida. Pensaba en las casi dos décadas de su vida que había dedicado a enseñar geografía a niñas de la clase social media, a pocos metros de las más horripilantes condiciones de vida soportadas por un ser humano. Pese a que amaba su trabajo, la perturbaba el poco servicio que su labor prestaba a Dios y a sus hermanos.

Según recuerda, el 10 de septiembre de 1946, mientras caminaba por las calles de Calcuta, tropezó con el cuerpo de una mujer moribunda. Ratas y hormigas se paseaban por sus llagas. "La levanté, caminé hasta un hospital cercano y pedí una cama para ella". La mujer murió en esa cama: la primera, la única y la última cama que tuvo en su vida. Este encuentro fortuito cambió su vida, porque en esa mujer vio a Cristo agonizante.

Ella cuenta que sentía una voz interna que le martillaba en su corazón y que le repetía: "Tienes que hacer algo", "No puedes quedarte con los brazos cruzados", "Si tú no empiezas, nadie comenzará". Sin embargo, no podía parar de preguntarse por qué Dios permitía eso y no hacía algo para evitarlo. En el silencio de esa noche, encontró la respuesta; Dios le dijo: "Claro que he hecho algo para solucionar esto; te he hecho a ti".

Este momento, al cual más tarde ella se referiría como a "una llamada de Dios", la llenó de fuerza, forjó su carácter y le proporcionó un propósito de vida claro: salir a la calle y ofrecer amor, ayuda y esperanza a la gente. Pidió permiso para dejar su puesto en el convento y trabajar en los barrios pobres de Calcuta. Así empezó su ejemplar ministerio de lucha contra la enfermedad y el abandono en que vivían muchos seres humanos.

Empezó ayudando a las víctimas de la lepra en las calles de Calcuta, y para esto trabajó por un tiempo con la orden de las Hermanas de los Pobres. Pero pronto, armada de la pasión por su misión de vida, la cual siempre la caracterizó, decidió aventurarse sola en las calles de Motijhil. Su primer paso fue empezar una escuela al aire libre. Durante el primer día logró juntar cinco niños a su alrededor que ávidos miraban a la diminuta mujer mientras ella escribía letras y números, utilizando el suelo por papel y un palo por lápiz.

Poco tiempo después, en un improvisado salón de clase bajo un árbol, le enseñó a cuarenta pequeños a leer y escribir, a contar y sumar, junto con importantes lecciones sobre la salud y la higiene. El resto de su día lo empleaba haciendo cuanto le fuese posible por ayudar y aliviar el sufrimiento de aquellos seres humanos desesperadamente pobres para ayudarse a sí mismos.

En 1948 se hizo ciudadana de la India, y luego de estudiar enfermería por tres meses con un grupo de misioneras médicas norteamericanas, volvió a Calcuta para fundar la orden de las Misioneras de la Caridad y continuar así con su trabajo. Un año más tarde, se le unió su primera discípula, una joven de la ciudad de Bengala. Muchas más la acompañaron en los años siguientes. Cada una de sus seguidoras debía dedicar su vida a servir a los pobres sin aceptar ningún beneficio material por recompensa.

El gobierno indio le otorgó 34 acres de terreno para construir la primera misión. Allí estableció una colonia de leprosos llamada Shanti Nagar (Ciudad de la Paz). Posteriormente, recibió permiso de las autoridades de Calcuta para usar una parte de un templo abandonado, donde fundó el Hogar de Moribundos Kalighat. Ella y sus compañeras recogían moribundos de las calles de Calcuta y los llevaban a este hogar para cuidarlos durante lo que les quedara de vida, de manera que pudieran morir con dignidad.

En 1965 comenzó la tarea de expandir la orden fuera de la India. Pronto organizó escuelas y orfanatos para pobres, y abrió más centros para cuidar y tratar leprosos, ciegos, inválidos, ancianos y moribundos en todo el mundo.

Hoy, alrededor de cinco mil religiosas, quinientos religiosos y más de cuatro millones de personas alrededor del mundo trabajan como voluntarios en orfelinatos, refugios y centros de leprosos en cien países en los cinco continentes. Todos ellos son sólo parte del legado que esta gran mujer dejó.

La madre Teresa recibió numerosos premios y reconocimientos a lo largo de toda su vida. Todos los aceptó con gran humildad, utilizando el dinero de los mismos para la fundación de más albergues. En 1979 recibió el premio Nóbel de la Paz. Durante la ceremonia de entrega, el presentador dijo: "Los más pobres, los más solos y olvidados y los moribundos han recibido de su mano amor y compasión, pero no lástima". Con su característica humildad Teresa de Calcuta recibió este premio diciendo: "Personalmente no creo merecer este reconocimiento, pero lo acepto en nombre de los pobres del mundo".

Hace algunos años, su carácter se hizo evidente durante una visita que realizara a Estados Unidos. En aquella ocasión, visitaba un albergue para desamparados en la ciudad de Filadelfia. Se había programado que ella cenaría y pasaría la noche en el albergue. Los organizadores habían construido un cuarto especial para ella, con una cómoda cama. No obstante, la madre pidió que se le cediera la cama a otra persona que quizás pudiera necesitar más de esa comodidad, mientras ella pasaba la noche en una modesta habitación como los demás transeúntes del albergue.

Al momento de la cena, en lugar de tomar asiento en el sitio especial preparado en su honor, Teresa de Calcuta decidió ayudar a servir la comida a las demás personas, antes de sentarse a comer.

El organizador de aquel evento era una persona de mucha influencia en la comunidad, y aunque le conmovía enormemente la humildad de la madre Teresa, le afanaba no poder, aparentemente, hacer nada por ella para que su visita fuese lo menos dispendiosa en su ya delicada salud. Incapaz de brindar cualquier comodidad a una persona que obviamente estaba más interesada en dar que en recibir, se acercó y le dijo: "Madre Teresa, yo verdaderamente deseo ayudarla, y me gustaría que usted me permitiese poder atenderla. ¿Qué puedo hacer para ayudar a su causa? Yo podría organizar programas en la radio para reunir fondos para ayudar a los desamparados. Puedo brindarle cubrimiento televisivo para sus eventos. ¿Por favor madre, dígame que puedo hacer para ayudar?"

Ella le agradeció su buena voluntad y luego le respondió: "Si en verdad deseas ayudarme, esto es lo que debes hacer. Ve y busca una persona que crea estar sola, que crea haber sido olvidada por el mundo. Una persona que piense que ha sido marginada, y sienta que su vida no vale nada, y convéncela de que no es así. Muéstrale que está equivocada".

La Madre Teresa nunca permitió que las dificultades afectaran su actitud o su carácter. No en vano repetía constantemente a las demás misioneras que el espíritu de su obra debía ser uno de entrega, confianza y alegría. Decía: "Queremos que estas personas que se sienten abandonadas y olvidadas sepan que se les quiere. Si vamos a ellos con una cara triste se sentirán aún más deprimidos. Por eso debemos llevarles un poco de alegría y serenidad". Esa era la Madre Teresa y esa era su filosofía de vida.

Plan de acción

- En ocasiones tendemos a utilizar los términos "carácter" y "personalidad" como sinónimos. No obstante, el carácter va mucho más allá de las características del individuo. Al hablar de carácter nos referimos a los valores y atributos internos de la persona y de la manera como éstos le permiten percibir el mundo que la rodea. Así que preocúpate menos por la percepción que los demás puedan tener de ti y más por lo que tú mismo pienses de tu forma de ser y actuar.

- No te contentes con creer que eres una persona íntegra y firme. Pensar es fácil, lo verdaderamente meritorio es actuar de acuerdo con aquellos valores y principios que sabemos que deben guiar nuestra vida. Asegúrate siempre de que tus palabras y tus acciones sean coherentes con tus principios y mantente firme en tus decisiones.

Hoy me comprometo a:

_____

_____

_____

_____

_____

Capítulo Cinco

El éxito externo es un reflejo del crecimiento interno

Crecimiento: (1) Acción y efecto de crecer. (2) Aumento del valor intrínseco. (3) Desarrollo, evolución hacia un mejor nivel de vida. (4) Aprender, adquirir conocimiento por medio del estudio o de la experiencia. Acción y efecto de aprender algún arte, oficio u otra cosa. (5) Adquisición por la práctica de una conducta duradera.

Nuestra capacidad para alcanzar mayores logros sólo está limitada por la capacidad para crecer, aprender y desarrollar nuestras habilidades. A escala salarial, por ejemplo, en este momento seguramente ganas el máximo con lo que ahora sabes. Si deseas ganar más tendrás que aprender más. Nelson Mandela afirmaba: "Después de escalar una montaña muy alta, descubrimos que hay muchas otras montañas que aún nos quedan por escalar".

La persona promedio cree que hay una época para aprender y otra para practicar lo aprendido. Sin embargo, los triunfadores saben que aprender es un proceso que nunca termina. Siempre invierten en su propio crecimiento y desarrollo personal y profesional, porque han descubierto que no hay ninguna inversión que les proporcione una mayor retribución que la que realizan en sí mismos.

Quizás la siguiente idea te sirva de incentivo para que desarrolles ese gigante que se encuentra adormilado en tu interior: Lo que se encuentra frente a nosotros –nuestro futuro— y lo que se encuentra detrás de nosotros –nuestro pasado— es totalmente insignificante comparado con lo que se encuentra dentro de nosotros.

El bambú japonés

El bambú japonés es una planta bastante curiosa, ya que después de sembrar la semilla, abonar la tierra y regarla todos los días, no sucede absolutamente nada durante el primer año. Durante el segundo o el tercer año tampoco parece estar sucediendo nada que indique que la semilla se está desarrollando. Es más, durante los primeros seis años pareciera como si nada estuviese ocurriendo. Sin embargo, durante el séptimo año, en un periodo de seis semanas esta planta crece hasta alcanzar una altura promedio de 36 metros. ¡En seis semanas!

La pregunta es: ¿Tomó esta planta solamente seis semanas para crecer, o tomó siete años?

Los investigadores han encontrado que lo que sucede durante esos primeros años de aparente inactividad es que la planta está desarrollando un complejo sistema de raíces que le permite soportar el crecimiento tan masivo que experimentará más adelante.

De igual manera, si tú has estado haciendo todo lo que sabes que debes hacer; si estás desarrollando hábitos de triunfo; si estás ocupado en tu crecimiento sin cuestionar el precio del éxito, pero a pesar de todo esto pareciera que nada está sucediendo en tu vida, recuerda que algo está sucediendo: ¡Estás creciendo! Ten siempre presente que tu éxito externo es siempre el reflejo de tu crecimiento interno.

Sir Edmund Hillary: La decisión de ser más grande que sus obstáculos

Es muy común ver personas que sucumben ante su primera caída. En ocasiones, los obstáculos nos dan la impresión de ser tan grandes e inquebrantables que su sola presencia logra intimidarnos y hacernos desistir de nuestras decisiones. Sin embargo, la persona de éxito sabe que su capacidad para crecer y desarrollarse le puede ayudar a superar los problemas y barreras más difíciles.

Los triunfadores han convertido estos retos en oportunidades para crecer y expandir su propio potencial. La historia de sir Edmund Hillary es un gran ejemplo de cómo una caída puede hacernos más fuertes y decididos.

Sir Edmund Hillary pasó a la historia como el primer hombre en escalar la cumbre más alta del mundo. Con 8.848 metros de altura (más de 29 mil pies), el monte Everest es un reto viviente a la capacidad de los seres humanos de sobreponerse a las más difíciles condiciones. Aún hoy, su conquista es una presea codiciada por los grandes escaladores que han llegado a este sitio inhóspito, agreste y desolado donde la vida animal no puede existir de manera constante. La escasez de oxígeno se hace sentir aún más, debido al viento, las tormentas y las temperaturas que alcanzan fácilmente los cincuenta grados bajo cero.

A tal altura, la concentración de oxígeno en la sangre se reduce haciéndola más espesa, lo que crea dificultades para moverse, ya que se limita la capacidad para captar el oxígeno suficiente que permita la recuperación tras cualquier esfuerzo.

Quizás por esta razón el ascenso al codiciado "Summit" fue considerado en aquel entonces la mayor hazaña humana de la historia. Dieciséis expediciones habían intentado con anterioridad alcanzar la cumbre del monte Everest, antes que la expedición en la cual participaba Hillary –la cual estaba liderada por John Hunt— llegara a la base de la montaña en abril de 1952.

Esta no era la primera vez que Hillary ascendía al Himalaya. De hecho, ya había participado en dos expediciones anteriores al Everest, durante las cuales otros expedicionarios habían perdido la vida.

Después de una de estas expediciones ocurrió un hecho que muestra el espíritu perseverante de este hombre que simplemente rehusó darse por vencido. La historia cuenta que en dicha ocasión, él era el invitado de honor en una reunión en la cual se reconocería su coraje y persistencia, pese a que aún no había logrado conquistar la tan anhelada cumbre.

Hillary hizo su aparición por la puerta de aquel gran salón en el cual se encontraban cientos de personas que asistían a presentarle sus respetos. Tan pronto como le vieron, comenzaron a aplaudir. Desde la parte de atrás Sir Edmund Hillary podía ver una gigantesca toma fotográfica del monte Everest que adornaba el escenario. Lentamente, comenzó a caminar sin quitar sus ojos de aquella majestuosa e imponente montaña, ignorando los aplausos que se ofrecían en su honor. Al estar a solo unos metros de aquella fotografía, se detuvo y sin mirar a la audiencia que ahora se encontraba a sus espaldas, levantó la mano y airadamente batió su puño mientras decía: "Tú has ganado esta vez, pero tú no vas a crecer ni un centímetro más, en cambio yo todavía estoy creciendo".

Este arraigo y la experiencia que había acumulado después de escalar casi una docena de cumbres de más de 6.000 metros en el Himalaya, le habían ganado el respeto y admiración de sus colegas y habían sido las razones por las cuales se le había llamado a formar parte del equipo.

El plan era que escalarían por la Cascada del Khumbu, un enorme glaciar que los llevaría a un lugar conocido como el Valle del Silencio. A 8.504 metros de altura Edmund Hillary y Tenzing Norgay prepararon un campamento donde pasarían la última noche antes de la escalada final. Aquella noche la temperatura descendió a los 27 grados bajo cero, lo cual obligó a los dos hombres a dormir utilizando tanques de oxígeno para respirar.

A las seis y media de la mañana del 29 de mayo de 1953, comenzaron el ascenso final y cinco horas más tarde, se convertirían en los primeros seres humanos en alcanzar la hasta entonces inalcanzable cumbre del monte Everest. Quince minutos después emprendieron el viaje de regreso. La repercusión de la victoria fue mundial. Esta proeza fue un premio al espíritu de persistencia del ser humano, capaz de superar los obstáculos más difíciles con tal de mostrar aquello de lo cual es capaz.

Plan de acción

- Busca una estrategia que garantice tu continuo desarrollo y crecimiento personal. Lee por lo menos treinta minutos diarios sobre temas relacionados con tu campo profesional; consulta libros que te permitan continuar con tu proceso de crecimiento personal y profesional. Una hora de lectura diaria representa un libro entero en dos semanas o veinticinco libros al año.

- La experiencia es una gran maestra, así que implementa una estrategia sencilla y personalizada que te permita aprender de cada experiencia y situación que enfrentes. Cuando caigas o tengas un fracaso, en lugar de decir "¿por qué a mi?", inmediatamente ponte en la tarea de descubrir las causas que propiciaron dicho revés. Determina qué debes corregir y desarrolla una nueva estrategia de acción.

Hoy me comprometo a:

_____

_____

_____

_____

_____

Capítulo Seis

El peor enemigo del éxito es la indecisión

Decisión: *(1) Característica de la persona determinada y resuelta. (2) Se dice del que no se asusta o se detiene ante las dificultades o peligros cuando se trata de hacer una cosa. (3) Firmeza de carácter. (4) Pronto, ligero en el obrar.*

*L*as personas que triunfan es porque así lo han querido. Ellas definen claramente sus metas, se visualizan en posesión de ellas y salen inmediatamente en su búsqueda con el firme propósito de lograrlas, sin detenerse hasta alcanzar aquello que saben que les pertenece. Ante tal certeza, el único resultado posible es el éxito. Ellas triunfan no como resultado de la suerte, la coincidencia, o la partida que les haya jugado la vida. Sus logros llegan como consecuencia de su resolución.

No hay peor enemigo que la indecisión. Ésta engendra dudas, temores y desidia. La persona de éxito es decidida y actúa resueltamente una vez que ha definido cuáles son las metas que busca. Henry David Thoreau solía decir: "Si avanzas con confianza en dirección de tus sueños y te esfuerzas por vivir la vida que siempre has imaginado, te encontrarás con un éxito súbito en el momento menos esperado".

¿Qué puedes hacer? Conviértete en el tipo de persona que una vez decide lo que quiere, sale tras su meta con determinación y confianza. Haz de esto un hábito. Ten presente que cada día que pasa sin que actúes, tus decisiones pierden peso y pueden convertirse rápidamente en frustraciones.

El resultado de la indecisión

En su libro *Piense y hágase rico*, Napoleón Hill comparte los resultados de un estudio efectuado con más de 25.000 hombres y mujeres que habían experimentado el fracaso. Ese estudio puso de manifiesto que la falta de decisión era casi siempre el principal motivo que encabezaba la lista de las causas más comunes del fracaso.

Al analizar las vidas de cientos de personas que han logrado acumular grandes fortunas, se ha descubierto que, en su mayoría, tienen el hábito de tomar decisiones con rapidez y cambiarlas con lentitud, si es necesario.

La persona promedio actúa de manera opuesta, ella toma decisiones lentamente, si acaso llega a tomarlas, y las cambia con rapidez y frecuentemente.

La clave está en empezar. Las personas exitosas son decididas y tratan de hacer muchas más cosas que la persona común y corriente. De acuerdo con la ley de las probabilidades, si tratas diferentes maneras de ser exitoso, aumentas las probabilidades de que encuentres el camino correcto y apropiado para ti.

Las personas que no son exitosas son indecisas; saben lo que tienen que hacer pero carecen del carácter y la fuerza de voluntad para tomar decisiones firmes. Como resultado de ello, van a la deriva a lo largo de sus vidas; nunca están felices, ni se ven realizadas, y terminan por resignarse con mucho menos de lo que podrían haber logrado.

Ray Kroc:
Un ejemplo de decisión y persistencia

Una persona decidida logra mucho más que cien interesadas. Es común pensar que el éxito es el resultado de estar en el sitio preciso en el momento oportuno. Sin embargo, esto es sólo parcialmente cierto. Lo verdaderamente importante es saber qué hacer una vez que estés allí.

Es indudable que el comienzo de lo que hoy es la franquicia de restaurantes más grande y exitosa del mundo, fue el resultado de la decisión de un hombre, Ray Kroc. Estar en el sitio preciso le permitió ver una oportunidad sin precedentes. Sin embargo, si él no hubiese tomado una decisión, esta oportunidad habría pasado de largo sin ninguna consecuencia. Fue su capacidad para tomar una decisión firme, aferrarse a ella y actuar de manera inmediata lo que le permitió a Ray Kroc, fundar la cadena de restaurantes McDonald's, que hoy atiende a más de cincuenta millones de clientes cada día.

Ray tenía la absoluta convicción de que cada persona es responsable por su éxito personal. "Siempre he tenido la plena certeza de que cada uno construye su propia felicidad y es responsable de crear el futuro que desea", solía decir. "Si vamos por la vida pensando en pequeño ¡siempre seremos pequeños! Para ser grandes, hay que pensar en grande".

Esta idea fue una constante a lo largo de toda su vida. Desde su adolescencia, cada trabajo que empezó lo hizo armado de una gran iniciativa y entusiasmo, una profunda visión y una total decisión de ser el mejor. Cuando hemos aceptado un cien por ciento de la responsabilidad por nuestro éxito es mucho más fácil tomar decisiones, así éstas parezcan difíciles en su momento.

Por ejemplo, después de haber trabajado en la compañía Lily Tulip Cup durante 15 años y haberse convertido en el máximo vendedor de la empresa, Ray recibió la noticia de que su salario, al igual que el del resto de los empleados sería reducido en un 10%. La compañía había tomado esta medida debido a la difícil situación económica del país. No obstante, Ray no podía entender que su jefe pudiera tratar de manera tan arbitraria al mejor vendedor de la empresa.

"Yo formo parte de los que crean. Yo produzco dinero y no voy a permitir que me ponga en la misma categoría que los demás". Esta fue su respuesta, tras lo cual presentó su renuncia. Días más tarde, esta manera decidida de actuar que siempre lo caracterizó, lograría sus primeros frutos. Su jefe lo llamó nuevamente, ofreciéndole un arreglo más favorable.

Esta misma actitud decidida fue la que lo llevó a aceptar en 1936 una propuesta de Earl Prince, un ingeniero que acababa de crear una batidora de leche de seis puestos para preparar malteadas. Ray hipotecó su casa e invirtió sus ahorros de toda la vida para lograr ser el agente exclusivo para todo el país de este novedoso producto. Durante los siguientes 17 años recorrería todos los Estados Unidos, cargando con una muestra de la batidora que pesaba más de cincuenta libras, y vendiendo exitosamente su producto, gracias a su iniciativa, persistencia y ética de trabajo.

Entre sus clientes se encontraban los hermanos McDonald's, quienes eran dueños de un pequeño restaurante en la ciudad de San Bernardino, California. Después de su primera visita al restaurante, su instinto le hizo olfatear un buen negocio. Ray decidió estacionar su automóvil frente al restaurante para observar la actividad que tenía. Más tarde, en su habitación del hotel, reflexionó sobre lo que había visto y escribió: "Yo veía ya, en mi mente, cientos de restaurantes McDonald's instalados en todos los rincones del país".

A la mañana siguiente, ya había concebido su plan de acción. Iría a ver a los hermanos McDonald y les propondría abrir una cadena de restaurantes similares al suyo a través del país. A pesar de la falta de entusiasmo inicial que ellos mostraron, la actitud decidida de Ray terminó por convencerlos.

Ray Kroc logró un contrato que le daba los derechos para la explotación de los restaurantes McDonald's a través de todo Estados Unidos. Recibiría 950 dólares por cada franquicia y un 1.4% de las ventas brutas.

En aquel momento, Ray Kroc tenía 52 años de edad. No obstante, su esta de salud era cuestionable. Era diabético, sufría de artritis, y le habían extraído la vesícula y parte de la glándula tiroides. Pero aún así, él estaba convencido de que el mejor tiempo de su vida estaba aún por venir. Por su parte, la mayoría de sus amigos no sólo creía que esta aventura era un gran riesgo, sino que era una locura, particularmente a su edad y con las dolencias que constantemente le aquejaban. "Las cosas que verdaderamente valen la pena, siempre traen consigo cierto riesgo. Por eso precisamente es que su logro nos trae orgullo y felicidad", solía responder él.

Fue así como, en 1955, abrió el primer restaurante McDonald's en la ciudad de Chicago. Durante su primer día las ventas fueron de $366 dólares. En su segundo año de operaciones las ventas ya ascendían a más de $200.000 dólares. El siguiente año ya había abierto once nuevos restaurantes.

Seis años más tarde su visión e iniciativa le llevaron a tomar otra gran decisión. Ray le ofreció a los hermanos McDonald comprarle la totalidad de la empresa por la cifra de 2.7 millones de dólares. Una vez más su actitud decidida rendiría grandes frutos. Hoy, más de 30.000 restaurantes McDonald's operan en más de 119 países alrededor del mundo.

Ray Kroc trabajó con el mismo entusiasmo hasta el fin de su vida en 1984. Logró amasar una fortuna superior a los 1.500 millones de dólares y contribuyó a un sinnúmero de causas de beneficencia. Su éxito es un tributo a la iniciativa de una persona que siempre aceptó el 100% de la responsabilidad por lo que se había propuesto sacar adelante.

Plan de acción

• Conviértete en el tipo de persona que toma decisiones con rapidez. Esto no significa que no debas evaluar las diferentes alternativas y calcular los posibles riesgos antes de actuar. Sin embargo, recuerda que el exceso de análisis produce parálisis. Un pobre plan puesto en marcha hoy, es mejor que un plan extraordinario que nunca ejecutes.

• Uno de los problemas más comunes que enfrenta la persona promedio es que, justo después que ha tomado una decisión, aparecen decenas de distracciones, obstáculos y dificultades que ponen a prueba su compromiso con dicha decisión. Desarrolla el hábito de mantenerte firme en tus decisiones –siempre enfocado en tus metas— y no permitas que nada te detenga hasta no haber logrado los objetivos que persigues.

Hoy me comprometo a:

_____

_____

_____

_____

Capítulo Siete

La efectividad versus la eficiencia

Efectividad: (1) Capacidad de lograr el efecto que se desea o se espera. (2) Que es útil o provechoso. (3) Eficaz, que produce un resultado favorable de acuerdo al esfuerzo invertido. (4) Aplicar nuestro esfuerzo en lo que verdaderamente deberíamos estar haciendo.

*M*uchas personas confunden el significado de las palabras *eficiencia* y *efectividad*. Eficiencia es simplemente hacer bien lo que estés haciendo en determinado momento, así sea o no importante para tu éxito. Efectividad significa seleccionar la actividad más importante de todas aquellas que tengas frente a ti en determinado momento, y hacerla bien. ¿Ves la diferencia? Poco contribuirá a tu éxito el desarrollar cierta tarea eficientemente, si dicha labor no es parte de un plan de acción que te esté conduciendo al logro de tus metas personales o profesionales; si no te está ayudando a lograr los objetivos que te has propuesto.

De poco sirve que sepas que vas a hacer durante el día y que tengas cierto grado de orden y eficiencia en tu trabajo, si estas actividades no te están acercando a la realización de tus sueños. Bien decía Ambrose Bierce que el verdadero fanatismo consiste en redoblar nuestro esfuerzo una vez hemos olvidado lo que perseguimos.

Toma el tiempo para identificar claramente las metas y sueños que deseas alcanzar. Enfócate en ellos y dales la prioridad e importancia que merecen. Si los defines tan claramente que puedas visualizarte en posesión de ellos, los rodeas de fuertes emociones y desarrollas un profundo deseo por su logro, tu mente te ayudará a identificar las oportunidades que hay a tu alrededor, que te pueden conducir a su logro. Esta es la manera como las personas más productivas suelen incrementar su efectividad.

Las orugas procesionarias

Henri Fabré, entomólogo francés, dirigió una serie de experimentos, con cierto tipo de gusanos llamados orugas procesionarias. Su nombre se debe a que ellas marchan, unas tras otras, a manera de procesión, igual que las hormigas. Él logró encaminarlas hasta que la primera seguía a la última formando así un círculo.

Posteriormente, en el centro del círculo colocó ciertas hojas de pino que son la comida común de este tipo de gusano. Sin embargo, las orugas siguieron marchando y dando vueltas en este círculo sin fin. Durante tres días con sus noches hicieron lo mismo hasta que cayeron muertas de hambre y cansancio. Con comida en abundancia a menos de diez centímetros de distancia, ellas habían muerto de hambre debido a que confundieron actividad con resultados. Marcharon eficientemente a una muerte segura.

Ten cuidado de no estar haciendo lo mismo. Evita caer en la trampa de convertirte en el tipo de persona que tiene mil proyectos, y está trabajando en todos a la vez, pero en realidad no sabe como le está yendo en ninguno de ellos. ¿Sabes exactamente hacia dónde vas? ¿Tienes una idea clara de lo que quieres conseguir y un plan de acción para lograrlo? Los grandes triunfadores han descubierto que la única manera de conquistar nuevas metas es adquiriendo esta singularidad de propósito, de tal suerte que puedan así canalizar todas sus energías para lograr su cometido. Eso es ser efectivo.

Si no tenemos metas claras y precisas, si carecemos de un plan detallado para su consecución, estaremos viviendo nuestras vidas de la misma manera que estas orugas. Son muchas las personas que viven ocupadas todo el día, parecen nunca tener un momento libre y, sin embargo, nunca están más cerca de los propósitos y metas que desean ver hechos realidad. Si no verificamos la efectividad de nuestros planes, es posible que, sin darnos cuenta, en algún momento nos encontremos caminando en dirección opuesta a las metas que nos habíamos propuesto.

Roberto Goizueta:
Anatomía de un empresario tenaz

Si tuviésemos que hacer una lista de todos aquellos empresarios cuyo éxito ha sido el fruto del trabajo tenaz, organizado y eficaz, sin duda alguna, muy arriba en esta lista se encontraría el nombre de Roberto Goizueta. Este ejecutivo de origen cubano, quien durante dieciséis años dirigió los destinos de la Coca-Cola, fue uno de los empresarios hispanos más influyentes de Estados Unidos. Cuando le preguntaron cuál era su mejor rasgo, respondió: "Soy muy tenaz".

¿Cómo desarrolló Goizueta esta tenacidad? Sus asociados en Coca-Cola le consideraban como un empleado con una enorme dedicación; un hábil administrador que cuando se iba todas las tardes, dejaba su escritorio totalmente despejado. Él creía en la virtud de asignarle prioridades a sus actividades y en trabajar en una sola cosa a la vez, hasta completar los proyectos empezados, una virtud muy común entre las personas exitosas.

Ciertamente, fueron su tenacidad y su forma de conducir sus acciones de la manera más efectiva, las que le permitieron a Goizueta enderezar el rumbo de una compañía que se encontraba paralizada cuando él tomó el mando en 1981. Durante su tiempo como presidente, la Coca-Cola pasó de ser una empresa valorada en cuatro mil millones de dólares a valer más de 150 mil millones de dólares. Y Goizueta lo logró adoptando estrategias agresivas que incluyeron la introducción de la Coca-Cola sin cafeína, la *Diet Coke*, que ha sido un enorme éxito, y otras estrategias que ayudaron a cuadruplicar los ingresos de la Empresa.

Roberto había ingresado en la división cubana de Coca-Cola en 1954, y en 1961 se marchó con su esposa y sus tres hijos a Atlanta, la sede central de la marca.

Su ascenso fue continuo, hasta alcanzar el puesto más alto. Al ser designado presidente, la sorpresa fue general, ya que él venía de la parte técnica y no tenía ninguna experiencia operativa; hablaba con un acento entre cubano y sureño; y resultaba un tanto extraño que un químico latinoamericano fuera a manejar la compañía que fabricaba uno de los productos más representativos de la cultura estadounidense.

Sin embargo, aunque su designación sorprendió a muchos, para él, que había trabajado arduamente con ese objetivo en mente, la presidencia de la Compañía no era mas que la culminación de una larga carrera de logros. De ahí en adelante, se dispuso a demostrar que todo es posible para una persona decidida, que posee una singularidad de propósito.

La carrera administrativa de Goizueta es el ejemplo de un empresario para quien la ética de trabajo es clara: tenacidad, disciplina y trabajo duro. Ésta es la fórmula clave para lograr los niveles más altos de productividad posibles.

Con esta misma fórmula, fijando prioridades y concentrándote, tú puedes lograr virtualmente cualquier meta que te propongas alcanzar en la vida. Este es un secreto que puedes comenzar a adoptar ya mismo. Tu habilidad para determinar la prioridad más alta, y después trabajar en ella hasta completarla, es el examen principal para medir tu poder de voluntad, autodisciplina y carácter personal. Es lo más difícil de hacer, pero también lo más importante, si quieres tener gran éxito.

Plan de acción

- Ser efectivo no es simplemente hacer bien lo que estés haciendo en determinado momento, sino asegurarte que eso es lo que verdaderamente deberías estar haciendo. Es posible ser eficiente, sin que eso signifique que estás siendo efectivo. Así que desarrolla la costumbre de preguntarte: ¿Es esta acción que estoy realizando, o que estoy a punto de realizar, importante para mi éxito? ¿Es ésta la manera más efectiva de invertir mi tiempo en este momento? ¿Me está ayudando esta actividad a lograr las metas y objetivos que me he propuesto alcanzar?

- Aprende a diferenciar lo urgente de lo que es verdaderamente importante. Ten presente que lo urgente no siempre es importante, mientras que lo importante pocas veces nos arremete con urgencia. Lo importante generalmente espera a que nosotros mismos le demos una alta prioridad en nuestra vida. En ocasiones, la vida suele llenarse de urgencias que tienen poca relevancia para nuestro futuro. Recuerda que cuando se atiende lo importante, lo urgente suele solucionarse por sí mismo.

Hoy me comprometo a:

_____

_____

_____

_____

_____

CAPÍTULO OCHO

Nada se logra sin entusiasmo

Entusiasmo: (1) Estar inspirado. De "enthusía", inspiración divina, derivado de "theós" (2) Estar exaltado y animado por algo que nos cautiva. (3) Optimismo, propensión a ver y juzgar las cosas en su aspecto más favorable. (4) Estado provocado por la fe en algo o alguien, que se manifiesta en el ánimo con que se habla de ello, o en el afán con que se entrega uno a ello.

$\mathcal{N}$ada se logra sin entusiasmo. Existe algo extraordinario acerca de esta cualidad; algo que saca a relucir lo mejor de cada uno de nosotros. Emerson solía decir: "el verdadero derrotado es aquel que ha perdido su entusiasmo. Si una persona lo pierde todo excepto su entusiasmo, pronto encontrará de nuevo el camino hacia el éxito".

Sin duda, el entusiasmo de los triunfadores por sus metas y objetivos es contagioso y, frecuentemente, les permite lograr el apoyo de los demás. Sin embargo, ellos saben que su éxito no puede depender de que otros decidan apoyarlos o no.

Esta es una gran lección. Ya sea que los demás aprueben o no nuestras decisiones, que estén entusiasmados con el camino que hemos escogido o crean que es un error; nuestra decisión de triunfar no puede, ni debe depender de ello. La única persona que necesita estar entusiasmada con tus metas y decisiones eres tú misma.

He aquí una manera en que puedes desarrollar un alto nivel de motivación y entusiasmo por tus metas y tu vida. Empieza cada mañana acumulando el mayor número de razones para ser feliz, para estar orgulloso y agradecido. Busca todos los motivos posibles para tener éxito el día de hoy. Este puede ser el primer gran cambio que hagas en tu día. En lugar de salir de casa en la mañana con cientos de razones para tener un día miserable, aburrido e improductivo, sal armado de todos los argumentos posibles para tener un día exitoso, de manera que sea el mejor día de tu vida.

Entusiásmate con ser tú mismo

Había una vez un hermoso jardín con manzanos, naranjos, perales y bellísimos rosales. Todos ellos vivían felices y satisfechos con su destino con excepción de un árbol que estaba profundamente triste. El pobre tenía un problema: no sabía quién era.

El manzano le decía: "Lo que te falta es concentración; si realmente lo intentas, podrás tener sabrosas manzanas, es muy fácil". El rosal le decía: "No le prestes atención; es más sencillo tener rosas, y son más bonitas".

El pobre árbol, desesperado, intentaba todo lo que le sugerían, pero como no lograba ser como los demás se sentía cada vez más frustrado. Un día llegó hasta el jardín el búho, la más sabia de las aves, y al ver la desesperación del árbol, exclamó: «No te preocupes, tu problema no es tan grave, es el mismo de muchísimos seres sobre la tierra. No dediques tu vida a ser como los demás quieran que seas. Entusiásmate y alégrate con ser tú mismo. Lo único que necesitas hacer para conocerte es escuchar tu voz interior». Dicho esto, el búho se marchó.

¿Mi voz interior? ¿Ser yo mismo? ¿Conocerme? Se preguntaba el árbol confundido.

Entonces, de pronto, comprendió. Y cerrando los ojos y los oídos, abrió el corazón, y por fin pudo escuchar su voz interior diciéndole: «Tú jamás darás manzanas porque no eres un manzano, ni florecerás cada primavera porque no eres un rosal. Eres un roble, y tu destino es crecer grande y majestuoso, dar cobijo a las aves, sombra a los viajeros, belleza al paisaje. Tienes una misión, ¡cúmplela!".

Entusiasmado con esta revelación, el árbol se sintió fuerte y seguro de sí mismo y se dispuso a ser todo aquello para lo cual estaba destinado. Así, pronto fue admirado y respetado por todos. Y sólo entonces el jardín fue completamente feliz.

Vince Lombardi:
Entusiasmo y compromiso para triunfar

Con frecuencia, encuentro líderes que desean saber qué hacer para motivar a su equipo de trabajo; padres deseosos de saber cómo motivar a sus hijos, o empresarios ansiosos de aprender técnicas que les permitan mantener a sus empleados altamente motivados. A todos ellos, siempre suelo darles la misma respuesta. La única manera de conseguir un alto nivel de motivación en las personas que están a tu alrededor es asegurándote que también tú lo estás con los objetivos y metas que persigues.

Es imposible demandar entusiasmo. Sin embargo, los grandes líderes han aprendido que el entusiasmo es contagioso. El famoso entrenador de fútbol americano, Vince Lombardi, es un gran ejemplo de cómo el entusiasmo por el logro de nuestras metas puede contagiar a todo un equipo.

En cierta ocasión un periodista le reprochó su excesivo deseo por ser el número uno. Con cierto aire de cinismo y desdén le preguntó: "Entonces, ¿es triunfar lo más importante?" A lo cual, se dice que Vince calmadamente respondió: "No, triunfar no es lo más importante... triunfar es lo único importante". Lombardi era un amante del éxito. Él no concebía contentarse con segundos lugares. Esta actitud, no sólo produjo un equipo triunfador, sino que lo inmortalizó como director técnico.

Vince nació en Nueva York en 1913. A sus 45 años cuando la mayoría de los deportistas y técnicos ya han dejado su huella, Vince hasta ahora se embarcaba en una carrera que lo haría inmortal en el mundo del fútbol americano. Lombardi llevó a los *Green Bay Packers* a conseguir cinco campeonatos en siete años, demandando y logrando dedicación, entrega y sacrificio de cada uno de sus jugadores.

Él creía fervientemente que el deseo de triunfar y la preparación para lograrlo eran los factores más determinantes para alcanzar el éxito, ya fuera en el campo de fútbol o en el campo de los negocios. Su habilidad para motivar a sus jugadores fue una de las razones que lo llevaron a ser considerado por muchos como el mejor director técnico de la historia del fútbol americano.

Pero la gran hazaña no fue simplemente haber logrado estos triunfos, sino haberlo hecho con los *Green Bay Packers*, hasta ese momento, quizás el peor equipo en la historia de la liga. Pocos equipos habían tenido una racha de tantas derrotas como las había tenido éste, cuando se le pidió a Lombardi que viniera a dirigirlo en 1959.

Cualquier director técnico hubiese rechazado inmediatamente dicha oferta, pero él no era cualquier técnico. Es más, hasta esa fecha, Lombardi nunca se había desempeñado en dicha posición en la liga, y ahora no sólo se le presentaba la oportunidad de realizar su sueño de dirigir un equipo profesional, sino que los dueños del equipo le habían ofrecido la dirección general del mismo y la libertad de traer sus propios asistentes, estrategas y preparadores físicos. Claro que con toda la autoridad que se le investía y las libertades que se le otorgaban, él sería el único responsable en caso de un fracaso. Una posibilidad no muy remota, dado el historial del equipo.

Ese primer año, Vince Lombardi tomó al equipo que se encontraba de último en la liga y lo llevó al segundo lugar. Los dueños del equipo, los jugadores, los hinchas y todo el mundo estaban muy complacidos con la actuación del equipo. Todos, excepto Lombardi. Él quería el campeonato.

Al siguiente año perdieron el campeonato contra Filadelfia, y esta sería la última vez que ellos perderían un campeonato bajo la dirección de Vince Lombardi. La siguiente temporada los Packers ganaron su primer campeonato en 17 años. Un año más tarde ganaron nuevamente después de perder sólo un juego durante toda la temporada. Lo que Lombardi había hecho con este equipo era poco menos que un milagro.

¿Cuál fue el secreto de su éxito? Un entusiasmo que se veía reflejado en todo lo que hacía.

Cuando Lombardi fue presentado ante sus jugadores, las primeras palabras que dijo fueron: "Señores, yo nunca, nunca, nunca he fracasado en nada de lo que empezado en mi vida, y pueden ustedes tener la absoluta certeza que esta no será la primera vez".

A continuación estableció su visión para el equipo y lo hizo en los siguientes términos: "Los segundos lugares no son admisibles en este equipo. En cada partido, todo jugador debe salir dispuesto a dar todo lo que tiene. Toda fibra de su ser debe querer dar el cien por ciento de sí mismo. No es suficiente jugar con la cabeza, es vital jugar con el corazón. Si en el partido utilizamos la cabeza y el corazón y nos entregamos totalmente a lo que sabemos que debemos hacer es imposible perder".

El entusiasmo de Vince Lombardi logró que cada uno de sus jugadores entendiera que debía aceptar toda la responsabilidad por el éxito del equipo. Ellos estaban entregados al equipo porque habían aprendido a quererse, a depender de sus compañeros y a verse como un conjunto unido.

En cierta ocasión, muchos años después de la muerte de Lombardi, uno de los jugadores explicaba qué había significado esta actitud para él. "El profesor Lombardi había logrado que cada uno de nosotros sintiéramos que éramos el jugador más importante en el equipo por el aporte que le hacíamos al mismo. Recuerdo que una vez estábamos jugando en Búfalo, New York, con la cancha cubierta de nieve, y la temperatura muy por debajo de los cero grados. Yo tenía una fiebre de más de 40 grados, escalofríos y todos lo huesos me dolían. Pero estaba allí en el campo de juego, sintiéndome morir, pero dándolo todo porque no quería quedarle mal a mis compañeros. ¡El cien por ciento! ¡Siempre! Eso fue lo que aprendí del profesor Lombardi y nunca lo olvidaré".

Vince solía recordar a sus jugadores que la diferencia entre un triunfador y el resto de las personas, no estaba en la falta de fuerza, ni en la falta de inteligencia, sino en la falta de entusiasmo, deseo y compromiso.

"La única manera de ganar es dando el cien por ciento, y eso es lo que yo demando de mis jugadores. Cualquier cosa menos que eso es inadmisible".

Una de las ideas que solía recordarle a sus jugadores con más frecuencia era esta: "Una vez aprendemos a darnos por vencidos, el hacerlo se convierte en un hábito. Dios nos ha dado un cuerpo que puede hacer casi cualquier cosa, es a nuestra mente a la que tenemos que convencer. Es fácil creer en nosotros mismos cuando hemos triunfado en el pasado. Lo difícil es creer cuando quizás no haya nada en nuestro pasado en qué basar esa fe. Pero si creemos en nosotros mismos con entusiasmo y tenemos el coraje y la determinación para pagar el precio por el éxito, podemos lograr cualquier cosa".

Su grito de batalla era: "Ganar no es cosa de una vez, debe ser cosa de todas las veces. Uno no debe contentarse con ganar de vez en cuando, o con hacer las cosas bien de vez en cuando. Uno debe hacer las cosas bien siempre. Tenemos que estar dispuestos a pagar el precio por el éxito siempre. Triunfar es un hábito, lo mismo que el fracaso es un hábito".

No importaba que su equipo fuera perdiendo por tres goles con solo dos minutos para terminar el juego. Vince siempre exigía jugar por el triunfo hasta el último minuto.

La vida de Vince Lombardi y su filosofía de éxito son un ejemplo de cómo el entusiasmo puede convertir cualquier equipo en triunfador y cualquier persona en un líder influyente.

Plan de acción

- El entusiasmo que caracteriza a las personas de éxito es el resultado de poder visualizarse habiendo logrado sus metas. Imagínate como si ya las hubieras alcanzado, desde antes de dar el primer paso. Repasa uno a uno los pasos que te conducirán al éxito. Practica mentalmente esa visión antes de empezar tu camino y duplicarás tus posibilidades de triunfar.

- De ahora en adelante, cada vez que enfrentes una caída, una situación difícil, un gran fracaso o una profunda decepción, antes de reaccionar toma unos minutos para preguntarte: ¿Qué lección o enseñanza puedo derivar de esto que me ha sucedido? ¿Cuál es el lado positivo de esta situación que estoy enfrentando? ¿Cómo puedo lograr que este aparente fracaso sea la antesala al éxito?

Hoy me comprometo a:

_____
_____
_____
_____
_____

CAPÍTULO NUEVE

El secreto está en vivir una vida equilibrada

Equilibrio: *(1) Estado de armonía entre las diversas facetas de nuestra vida. (2) Balance, cualidad de la persona no susceptible de ser dominada por estados pasajeros. (3) Mantener la armonía y equidad entre las diferentes áreas de nuestro ser: material y espiritual, profesional y familiar, empresarial y personal.*

*E*l ser humano es un ser multidimensional. Lamentablemente, muchos de nosotros hemos crecido con la idea de que es imposible tener una vida balanceada. Que ésta requiere enormes sacrificios; que si deseamos alcanzar el éxito profesional, seguramente tendremos que pagar un alto precio en términos del tiempo que podemos dedicar a la familia. No obstante, lo cierto es que el éxito profesional es de poco valor si crea un distanciamiento entre nosotros y nuestros seres queridos, o si se obtiene a costa de la salud.

Es posible mantener un balance entre las diferentes áreas de nuestra vida. Todos podemos alcanzar un equilibrio entre lo material y lo espiritual, o entre el trabajo y la familia. Pero para lograrlo debemos ignorar a quienes profesan que «es imposible hacerlo todo». En nuestras manos está la capacidad para vivir una vida balanceada. Ten presente que la falta de equilibrio en cualquier área, te hace menos productivo en todas las demás.

Por tanto, no descuides ninguna de las múltiples facetas de tu vida. Cuando te dispongas a desarrollar tu plan de vida, asegúrate de fijar metas personales, espirituales, familiares y profesionales. Si logras esto, habrá armonía en tu vida. Vivir una vida balanceada, no sólo es posible, sino que debe ser la meta más importante de toda persona que verdaderamente desee ser feliz.

Todo tiene su tiempo

Son muchas las personas que olvidan que todo tiene su momento, que es tan importante trabajar como relajarse. Erróneamente, ellas asumen que el precio del éxito no deja lugar para muchos de aquellos pequeños placeres que el universo nos ofrece. Por esta razón, la siguiente reflexión cobra gran importancia para aquellos que parecen siempre estar demasiado ocupados:

Toma tiempo para pensar.... El pensamiento es la fuente del poder.
Toma tiempo para leer.... La lectura es la fuente de la sabiduría.
Toma tiempo para trabajar.... El trabajo es el precio por el éxito.
Toma tiempo para orar.... La oración es el mayor poder

de la tierra.

Toma tiempo para jugar.... El juego es el secreto de la eterna juventud.

Toma tiempo para dar.... La vida es demasiado corta para ser egoístas.

Toma tiempo para reír.... La risa es la música del espíritu.

Toma tiempo para ser amigable.... La amistad es el camino a la felicidad.

Toma tiempo para amar y ser amado.... El amor es un privilegio otorgado por Dios.

Irma Elder:
Esposa, madre, empresaria y líder exitosa

"Cuando mi nieta de 4 años me dijo: 'abuelita, ¿me prestas cincuenta dólares? Yo te devuelvo un dólar a la semana'. Contrario a lo que ocurre en la mayoría de los casos con estas deudas de familia, yo me aseguré de cobrarle la deuda. Sólo así ella aprenderá a ser responsable de administrar sus finanzas. Como ama de casa, tuve que aprender a manejar bien mi dinero. No sólo debí ayudar a evitar las discusiones entre mis hijos, sino que aprendí a administrar los recursos a mi alcance".

Así, Irma Elder, esta abuela de 75 años de edad, busca inculcar en sus nietos los mismos principios de éxito que la ayudaron a ella a triunfar y a sobreponerse a los muchos obstáculos que ha enfrentado a lo largo de su vida.

Pero Irma no es una abuela común y corriente. Nacida en México, de padres sirios, su familia emigró a Miami cuando ella era una adolescente. Su determinación le ayudó a aprender el inglés rápidamente y las experiencias que debió enfrentar en su nuevo país le enseñaron a sobreponerse a cualquier obstáculo.

En Miami conoció a James, con quien se casó en 1963. La pareja se mudó al estado de Michigan, y después de algún tiempo, decidieron empezar su propia empresa, una concesionaria automotriz. James estaba al frente del negocio mientras Irma dedicaba el 100% de su tiempo a la crianza de sus tres hijos. «Yo quería asegurarme de crear un hogar sólido en el que crecieran mis hijos. Eso era todo lo que me importaba en ese momento».

Sin embargo, Irma debió tomar rápidamente las riendas de su vida, al morir su esposo repentinamente en 1983. Así fue que esta madre de tres hijos y ama de casa, decidió asumir el reto de sacar adelante un negocio, en una industria dominada por hombres. Hubo quienes se negaron a seguir bajo su mando asegurando que fracasaría.

Irma recuerda: "no tenía otra alternativa sino continuar con el negocio. Necesitaba responder por mí y por mis hijos. Fueron momentos difíciles. En muchas ocasiones llegué llorando a casa de mis padres con la intención de abandonarlo todo, pero mi papá siempre me exhortaba a continuar luchando y a no darme por vencida. No hay nada vergonzoso en intentar algo y fracasar, lo verdaderamente vergonzoso es ni siquiera intentar".

Con el tiempo Irma llegó a querer y a dominar todos los aspectos de su negocio. "El saber que con la ayuda de Dios podía hacer todo lo que estuviera frente a mí me dio una increíble sensación de libertad. Siempre tenemos que seguir adelante así nos sintamos desfallecer. Pienso que las mujeres somos mucho más tenaces de lo que en ocasiones se nos hace pensar".

Hoy, con ocho concesionarias, más de cuatrocientos cincuenta empleados, y ventas anuales de setecientos millones de dólares, esta mujer asegura que la clave de su éxito estuvo en aprender a conocer cada aspecto de su negocio y en haberse comprometido a hacer todo con calidad y excelencia. Su concesionaria de carros Jaguar en la ciudad de Troy, Michigan, es la número uno en volumen de ventas de esa marca en el mundo. Estos logros han hecho de ella una de las empresarias latinas más exitosas en los Estados Unidos y una persona de gran influencia en la industria automotriz de este país.

Pero Irma no sólo está al frente del Grupo Automotriz Elder, sino que es parte de la junta directiva de varias instituciones y organizaciones que buscan el desarrollo y crecimiento de la comunidad en la cual ella vive. Ha recibido numerosos reconocimientos por su trabajo y por su apoyo filantrópico a los niños, los ancianos y las personas menos privilegiadas.

"Todos necesitamos el apoyo y el ánimo de otras personas a lo largo de nuestra vida, especialmente en los momentos difíciles. La vida no siempre es fácil, se necesita un gran sentido del humor y saber que tenemos un Dios maravilloso que muchas veces nos reta a dar lo mejor de nosotros mismos". Una de sus mayores prioridades continúa siendo el asegurarse que sus nietos estén preparados para ser buenos seres humanos. Nunca deja de mencionar la importancia de tener fe y esperanza en el futuro.

Recientemente, durante uno de los muchos honores que ha recibido, la persona encargada de presentarla dijo: "Irma es una gran motivadora de seres humanos a quien le interesa enormemente su comunidad. Siempre escuchamos aquel viejo dicho que proclama que es imposible tenerlo todo. Sin embargo, creo que ella ha probado que si es posible hacerlo".

Plan de acción

- Al momento de fijar metas, asegúrate que tienes en cuenta las diferentes facetas de tu vida. Escribe tus metas espirituales, familiares, profesionales, intelectuales, financieras, de salud y estado físico, y las metas recreativas. Recuerda que el verdadero éxito se alcanza cuando logras mantener un balance entre todos los aspectos de tu vida.

- Revisa con frecuencia tu plan de acción para asegurarte que no estás descuidando ningún área de tu vida. Recuerda que si deseas alcanzar el éxito financiero no es necesario que sacrifiques la relación con tus seres queridos, ni necesitas poner en peligro tu salud para lograr tus metas empresariales.

Hoy me comprometo a:

_____

_____

_____

_____

Capítulo Diez

La fe vence los temores y las dudas

Fe: (1) Del latín "fides", derivado de "fídere"; fiar, fiel. (2) "Confianza", creencia en la bondad, mérito, valor, verdad o eficacia de algo o de alguien. (3) Dícese de la persona que cree sin necesidad de haber visto. (4) Confiar un nuestra habilidad para realizar algo.

*T*anto el éxito como el fracaso son el resultado de una profecía hecha realidad. Los logros que alcanzamos están determinados por nuestras propias expectativas. Todo aquello que esperamos que suceda, tiende a suceder. Lo más curioso acerca del juego de la vida es que quien decide perseguir lo mejor de lo mejor y tiene fe en que lo logrará, generalmente lo consigue. Quien opta por contentarse con segundos lugares, es probable que también alcance su objetivo.

La persona exitosa sabe que una de las consecuencias más importantes de contar con una fe profunda, es que la fe derrota los temores, las dudas y la inseguridad. Charles Udall escribió: "Aquel que pierde dinero, pierde mucho. Aquel que pierde un amigo, pierde más. Pero aquel que pierde la fe, pierde todo. Vamos por la vida enfrentando una serie de oportunidades, brillantemente disfrazadas como retos".

La próxima vez que enfrentes un reto, recuerda que es tu fe la que puede convertir cualquier desafío en una oportunidad para crecer y triunfar.

La sequía

En una pequeña población, un pastor anunció a todos los miembros de su congregación que la semana siguiente habría un servicio especial con el fin de orar para que terminara la severa sequía que desde hacía mucho tiempo azotaba aquella región.

Todos recibieron con alegría la noticia ya que la sequía afectaba cada una de sus granjas y negocios. Así que a la semana siguiente llegaron muy puntuales al servicio.

Sin embargo, cuando la oración estaba a punto de comenzar, desde el púlpito, el pastor paseó la mirada por la concurrencia, se detuvo un momento y luego dijo reflexivamente:

"Durante veinte años les he estado hablando acerca de la fe, pero ¿han puesto atención a mis palabras? ¡No! Puedo ver que ninguno aquí en verdad cree que lloverá".

Extrañadas, las personas se preguntaban por qué su líder espiritual se mostraba tan defraudado. Después de todo, ellas habían llegado puntualmente a la hora que se había anunciado.

"Permítanme hacerles una pregunta", prosiguió el pastor. "Todos estamos aquí reunidos con el único propósito de orar para que llueva, ¿no es cierto?" ¡Sí! Respondieron todos al unísono.

"Y todos tenemos fe en que lloverá como resultado de nuestra oración, ¿correcto?" Claro que si, respondieron todos nuevamente.

"Si es así, ¿cómo es que ninguno de ustedes ha traído un paraguas?".

Wilma Rudolph:
La fe mueve montañas

La historia de Wilma Rudolph es un ejemplo de lo que puede lograr la fe y la determinación de nunca rendirse. La gran atleta, ganadora de tres medallas olímpicas, se refugió en su fe y utilizó su visión y decisión para convertir sus retos en momentos de crecimiento.

Wilma Rudolph nació en Clarksville, en el estado norteamericano de Tennessee. Fue la número veinte de veintidós hijos, y nació prematuramente, pesando sólo cuatro libras y media. Su madre era una empleada doméstica y su padre se desempeñó como guarda en una estación de tren, cajero en un supermercado y otros trabajos menores. Sobra decir que el dinero parecía siempre escasear en su hogar.

A los cuatro años, la pequeña Wilma contrajo poliomielitis y quedó inválida de una pierna. El dictamen de los médicos fue categórico: ¡Wilma jamás volvería a caminar!

Wilma estaba destrozada porque le encantaba correr y jugar con sus hermanos y hermanas. En el largo regreso a casa seguía pensando acerca de lo que los médicos habían dicho y comenzó a llorar. Sus padres se sentaron a hablar con ella y su madre le dijo: "Nena, sé que los médicos dijeron que nunca más ibas a poder correr, pero no creo que tengan razón. Creo que Dios te va a curar y que correrás de nuevo, y correrás rápidamente".

En ese momento, Wilma tomó una decisión que cambiaría su vida: "Escuché lo que los médicos dijeron y lo que dijo mi mamá, y ¡decidí creerle a mamá!"

Con esta nueva actitud, Wilma comenzó a trabajar en sí misma. Los médicos habían recomendado masajear sus piernas todos los días para evitar que los músculos se atrofiaran del todo, así que su madre le enseñó a todos sus hermanos como hacerlo, y entre todos, masajeaban las piernas de la niña cuatro veces al día.

Poco a poco, Wilma comenzó a hacer un esfuerzo por pararse hasta que finalmente lo logró. Luego caminó lentamente hasta que aprendió a hacerlo con mayor rapidez. A los ocho años de edad, podía caminar con la ayuda de aparatos ortopédicos que le daban soporte a sus piernas. Posteriormente logró hacerlo con la ayuda de zapatos especiales y, finalmente, a los doce años de edad caminó sin la ayuda de ningún aparato o zapato especial. Luego comenzó a trotar y después a correr. Entonces, volvería a jugar basketball con sus hermanos todos los días.

En la secundaria, el entrenador de atletismo la animó para que corriera en el equipo de la escuela. Durante su último año corrió tan bien que calificó para representar a Estados Unidos en los juegos olímpicos de 1956 en Melbourne, Australia. Allí obtuvo una medalla de bronce. Cuatro años más tarde, en los juegos olímpicos en Roma impuso un nuevo record mundial en la carrera de los 200 metros, ganó dos medallas de oro más y, pese a haberse lastimado el tobillo, ayudó al equipo de relevos a ganar otra medalla de oro en los 400 metros.

Cuando se retiró de la competencia olímpica, se dedicó a motivar y entrenar a otros jóvenes a perseguir sus propios sueños. Su historia de éxito fue un tributo a su fe inquebrantable. Wilma nunca dudó que caminaría. Ella demostró que la decisión y la fe son claves para convertir cualquier contratiempo en una preparación para cosechar victorias aún mayores. La lección es muy sencilla, no hay que ver para creer. Hay que creer para poder ver. Debemos decidir y luego creer firmemente en la decisión que hemos tomado.

Plan de acción

• El peor enemigo de la fe es la duda, la cual es siempre el resultado de nuestro diálogo interno. Cuando utilizas expresiones como ¿será que puedo hacer eso? esta pregunta lleva implícito un sentimiento de duda e inseguridad que te mantendrá en un estado en el que no podrás obtener el máximo de tu potencial. Este interrogante da como un hecho la posibilidad de que las habilidades que necesitas para lograr el éxito no se encuentren dentro de ti. Si preguntas con duda, sólo tendrás acceso a los estados mentales de duda y sólo obtendrás respuestas que la justifiquen. Así que de ahora en adelante recuerda siempre hacer preguntas que te fortalezcan.

• Para que nuestra fe crezca es importante ejercitarla. ¿Cómo hacerlo? Cuando hablas con seguridad y convicción acerca de tus propósitos; utilizas tu mente para ver tus objetivos cumplidos, mucho antes de haber dado el primer paso, y tienes la certeza de que tus metas son una realidad a punto de suceder, tu fe se fortalece y se hace inquebrantable.

Hoy me comprometo a:

_____

_____

_____

_____

CAPÍTULO ONCE

Desarrolla una profunda pasión por tu misión de vida

Pasión: (1) Se dice de aquella persona cuya actitud y entusiasmo deja claro que verdaderamente ama lo que hace. (2) Inclinación o preferencia muy vivas de alguien. (3) Energía, poder, virtud para obrar. (4) Vigor, viveza o eficacia de las acciones en la ejecución de las cosas. (5) Deseo ardiente por lograr aquello que nos hemos propuesto.

Cuando examinas las vidas de los hombres y mujeres mencionados en este libro, encuentras un factor común en todas ellas: Una profunda pasión por lo que hacían. Ellos no sólo fueron excelentes en su campo, sino que aprendieron a desarrollar su potencial y sus habilidades al máximo. No se limitaron a trabajar con disciplina y perseverancia hasta lograr sus propósitos, sino que su éxito fue el resultado de su gran pasión por la misión y propósito de vida que habían elegido. El llevar a cabo sus actividades con pasión y entusiasmo no les dio tiempo para preocuparse por sus miedos o debilidades, ni para pensar en la posibilidad de fracasar.

Para la persona promedio, sin embargo, el miedo a fracasar es el obstáculo más grande en su camino al éxito. No es el fracaso en sí mismo, ya que las caídas y los fracasos pueden hacernos más fuertes, resistentes y decididos. Es el miedo al fracaso, o su anticipación, lo que suele paralizar sus pensamientos y detenerlos para hacer lo que necesitan.

San Juan Bosco decía: "La ocasión solamente encuentra a quien está preparado. Ten un gran ideal, ámalo, cultívalo y prepárate para obtenerlo. Y tarde o temprano, si tienes constancia y un corazón entusiasta, Dios suscitará una circunstancia, tal vez imprevista y que parecía poco probable, que hará explotar la chispa de la gran ocasión, y obtendrás tu ideal". El llamado que San Juan Bosco hacía, era a vivir una vida con pasión.

El viejo y el lago

En una pequeña población vivía junto con su padre un joven, poseedor de un ardiente deseo de triunfar. Él había decidido no conformarse con un trabajo mediocre como tantos de sus amigos, y aunque sus logros personales eran escasos, muy dentro de sí, él sabía que su deseo era sincero y que si aún no había logrado materializar ninguno de sus sueños, no era por falta de ambición sino por falta de oportunidades.

Un día el joven se acercó a su padre, un humilde mercader, y tras expresarle ese deseo ardiente de triunfar que llevaba dentro de sí, le preguntó, "¿sabes tú cuál es el secreto del éxito?" El padre, quien era una persona honesta y sincera le respondió, "hijo, mucho me temo que no sé cuál es el secreto del éxito. Sin embargo, sé de un hombre que en sus días se le llegó a conocer como un gran triunfador. Es un hombre de edad ya avanzada, que ahora vive en las afueras del pueblo junto al lago. El mejor consejo que te puedo dar es que vayas y hables con él".

Muy entusiasmado, el joven partió en su búsqueda. Cuando llegó a la casa, decidido, golpeó en la puerta. Un hombre de cara amable y parsimoniosa, vestido con atuendo de pescador, salió a su encuentro y lo saludó con una amplia sonrisa.

—"Buenas tardes buen hombre", respondió el joven. "Mi padre me habló de los grandes éxitos que usted cosechó en otras épocas. Me he atrevido a venir hasta aquí, porque yo también tengo un gran deseo de triunfar. Verá usted, mi padre es un mercader y su padre y el padre de su padre también lo fueron, nunca con mucha suerte, logrando apenas lo suficiente para sobrevivir.

Algo dentro de mí me dice que mi destino es otro y eso es lo que hoy me ha traído a su puerta en busca de sus sabios consejos. ¿Puede usted decirme cuál fue el secreto de su éxito? ¿Qué necesita una persona para triunfar? ¿Cómo puedo alcanzar mis sueños? ¿Qué es...."

—"Espera un momento muchacho. Son demasiadas preguntas. No seas impaciente. Además, como verás, ya tenía otros planes para esta mañana". No obstante, viendo la sinceridad en los ojos del muchacho le dijo, "quizá quieras acompañarme, ¿te gusta pescar?"

Sabiendo lo que esta oportunidad podía representar, él accedió inmediatamente, y los dos hombres salieron hacia el lago. A lo largo del camino el joven continuó indagando insistentemente, a lo cual el viejo respondía con una leve sonrisa y un: "espera hijo, ten paciencia que el día es largo y desea ser apreciado".

—Una vez en el lago, el hombre preguntó con evidente curiosidad al joven: "¿has pensado qué estarías dispuesto a hacer para alcanzar tus sueños y lograr el éxito que tanto anhelas?"

El joven, vacilante, miró al viejo sin saber que responder. Él sabía con certeza que deseaba algo mejor para su vida, pero la verdad, nunca había tomado el tiempo para definir concretamente qué era lo que quería, y menos aun, qué estaba dispuesto a hacer por conseguirlo. Esas eran cosas a las que no había prestado mayor atención. Por un momento se sintió avergonzado y temió que el hombre creyera que sus intenciones no eran reales.

—Al ver el titubeo del muchacho, el hombre le dijo: "Quieres saber cuál es el secreto para alcanzar el éxito, ¿no es cierto? Pues bien, te mostraré cuál es. Quiero que saltes al agua, te sumerjas y te quedes bajo el agua tanto como puedas".

Presintiendo que el anciano quería aleccionarle en algún aspecto vital del éxito, el joven procedió a hacer lo que se le había indicado. Después de unos momentos, cuando sintió haber agotado todo el aire que había guardado en sus pulmones, se dispuso a salir de nuevo a la superficie. Pero cuando se disponía a sacar la cabeza del agua, sintió la mano del anciano empujándole hacia abajo, evitando que saliera. Reaccionando de manera inmediata, comenzó a luchar por tratar de salir. En cuestión de segundos la falta de aire se hizo insoportable y la lucha pareció ahora ser de vida o muerte.

Falto de fuerzas para seguir luchando, el joven comenzó a darse por vencido. Pero justo en ese momento sintió que su cabeza quedó libre y con un último aliento, logró salir del agua en busca del aire que le devolviera la vida. Confuso aún y demasiado débil para tan siquiera reprocharle al viejo por lo que acababa de suceder, permaneció en silencio.

Después de darle unos minutos para que recuperara el aliento, el anciano le preguntó: "Cuando estaba yo evitando que salieras del agua y tú comenzaste a luchar por salir, ¿cuál era tu mayor preocupación? ¿Qué era aquello que tú anhelabas tener más que ninguna otra cosa en el mundo? ¿Qué era aquello que toda fibra de tu cuerpo deseaba tener?"

El joven todavía agitado contestó, "¡Aire! ¡Aire! ¡Aire! Eso era todo en lo que podía pensar ¡Aire!"

El hombre contestó: "He ahí la respuesta a tu pregunta. Cuando tú desees el éxito con esa misma intensidad, sólo entonces lo hallarás". La moraleja de la historia es simple, cualquier meta que verdaderamente desees alcanzar, debe primero convertirse en un deseo ardiente, en algo que tiene que ser realidad. Debe pasar de ser algo que *quieres* que suceda a algo que *tiene* que suceder.

Jaime Escalante:
Cuando las ganas pueden más que el talento

El liderazgo muchas veces se define como la capacidad para influir sobre los demás. Sin embargo, el papel más importante de los líderes es facilitar el éxito de otras personas. Es fácil lograr que otros confíen en nosotros. Lo difícil está en conseguir que ellos logren confiar en sí mismos. Y pocos ejemplos ilustran esta cualidad mejor que la vida y obra de Jaime Escalante. Si hablamos de pasión, es necesario hablar de este profesor de cálculo de un colegio de La Paz, Bolivia, que emigró a Estados Unidos, y con su ejemplo cambió la vida de cientos de miles de personas.

Al referirse a lo que más necesitan los jóvenes para triunfar en sus estudios, Jaime afirma: "Yo prefiero utilizar la palabra 'ganas' a la palabra 'talento'. No acepto la palabra talento porque significa que nos limitaremos a medir el cociente de inteligencia del estudiante. Yo pienso que cualquier persona tiene talento". Para Jaime Escalante, las personas no fracasan por falta de talento, sino por falta de ganas, de pasión.

Jaime es, sin duda alguna, el mejor ejemplo de cómo la pasión por lo que se hace logra crear motivación en otros, y de cómo cada uno de nosotros puede influir positivamente en las vidas de otras personas.

Su filosofía es la total certeza de que dentro de cada uno de sus estudiantes se encuentra la semilla de grandeza necesaria para triunfar. Él sabe que el secreto del éxito está en desarrollar un gran nivel de motivación por todas aquellas actividades y labores que necesitamos realizar para triunfar. Por eso solía colocar palabras y afirmaciones positivas para sus alumnos, en su salón de clase. Mensajes como: ¡Valor! ¡Deseos!, o su frase preferida: "¡Hay que tener ganas!".

A pesar de que en su país natal había enseñado física y matemáticas durante catorce años, cuando llegó a California encontró que no tenía las credenciales para enseñar y no hablaba inglés. Así que estudió por las noches y obtuvo un grado en electrónica. Posteriormente, encontró un trabajo durante el día mientras continuaba estudiando durante la noche para obtener su título de matemático.

En 1976 comenzó a enseñar en *Garfield High School*, en el este de Los Angeles, California, donde las drogas, las pandillas y la violencia eran el pan de cada día. Pero lo cierto es que Jaime Escalante no enseñaba cálculo, él simplemente utilizaba las matemáticas para enseñar a sus estudiantes algo aún más importante que el cálculo: cómo triunfar en la vida.

Durante los tres años siguientes sus estudiantes pasaron exitosamente el examen de cálculo avanzado que ofrecía el departamento de educación. En 1982, algunos individuos, dudosos del éxito exhibido por aquellos estudiantes, en su gran mayoría latinos, provenientes de barrios muy pobres –pandilleros algunos de ellos—, decidieron invalidar los resultados del examen, argumentando que era evidente que los jóvenes habían conspirado para hacer trampa. La única alternativa que se les ofreció fue la de tomar otro examen, aún más difícil que el anterior, bajo una estricta vigilancia. Pero la confianza y seguridad con que Jaime había contagiado a sus estudiantes les armó de valor para aceptar el reto. Doce estudiantes tomaron nuevamente aquel examen y los doce lo pasaron.

El ejemplo de Jaime Escalante cambió por siempre las vidas de estos jóvenes que aprendieron la lección más importante del éxito en una clase de matemáticas: que hay que creer para poder ver y que el éxito sólo llega a aquellos que tienen la valentía de ir tras él.

Plan de acción

- Antes de que una meta se vuelva realidad debe convertirse en un deseo ardiente. Así que determina qué te apasiona acerca de la posibilidad de hacer tus metas realidad. Si tus sueños y metas no te entusiasman es porque, o no son las metas que deberías estar persiguiendo, o no has tomado el tiempo suficiente para determinar por qué elegiste perseguir dichas metas.

- Asegúrate de identificar aquello que te apasiona hacer. Los triunfadores saben que uno de los secretos más importantes para alcanzar su éxito es descubrir qué es lo que verdaderamente aman hacer y rehusarse a hacer algo distinto. Ellos identifican un área que les apasiona, donde se requieran sus habilidades y fortalezas naturales. Por esta razón, aseguran que no trabajaron ni un sólo día en su vida porque lo que hacían era más una diversión que un trabajo.

Hoy me comprometo a:

_____

_____

_____

_____

Capítulo Doce

Acepta la responsabilidad total por tu éxito

*Responsabilidad: (1) Cualidad de "responsable",
consciente de sus obligaciones. (2) Cargo u obli-
gación moral. (3) Capacidad para reconocer y
aceptar las consecuencias de un hecho realizado
libremente. (4) Habilidad para responder ante cualquier situación aceptando las consecuencias de
nuestras acciones.*

Cada uno de nosotros es responsable por su éxito. Las
excusas son sólo una forma cómoda de tratar de eludir
esta responsabilidad, encontrando culpables por todo
aquello que siempre estuvo bajo nuestro control. Buscan
exonerarnos de toda responsabilidad y colocarnos en el
papel de víctimas. Lo peor de todo es que, mientras pensemos que algo o alguien más es el culpable de nuestras
caídas, fracasos o malos hábitos, no haremos nada para
remediarlos. Debemos entender y aceptar que somos los
únicos responsables por nuestras circunstancias. Si hay
algo en nuestra vida que queremos cambiar, sólo nosotros tenemos el poder para hacerlo.

Ten siempre presente el hermoso poema a la vida del
gran poeta mejicano Amado Nervo, que en uno de sus
apartes dice:

...porque veo al final de mi rudo camino
que yo fui el arquitecto de mi propio destino;
que si extraje la miel o la hiel de las cosas
fue porque en ellas puse hiel o mieles sabrosas:
cuando planté rosales, coseché siempre rosas...

Cada uno es responsable por la clase de vida que está viviendo en todo momento. La persona emprendedora sabe que los resultados obtenidos en cualquier empresa no son más que la consecuencia lógica del trabajo realizado. Si sembramos un pensamiento negativo, cosecharemos un pobre hábito. Si sembramos un pobre hábito, en el mejor de los casos, cosecharemos un futuro incierto.

Un día a la vez

La palabra responsabilidad algunas veces es definida como la habilidad para responder. Y responder es algo mucho más fácil de hacer cuando vivimos el presente al máximo; cuando estamos 100% en el día de hoy sin perdernos en los remordimientos del ayer, o en las incertidumbres del mañana. Cuando decidimos vivir, como dice el siguiente poema, un día a la vez:

Hay dos días en cada semana
acerca de los cuales no vale la pena preocuparnos.
Dos días que podemos mantener libres
de cualquier temor o ansiedad.

Uno de esos días es *ayer*, con todos sus errores
y preocupaciones, con sus fallas y sus desatinos,
con sus dolores y quebrantos.

Ayer ha pasado a ser algo fuera de nuestro control.
Todo el dinero del mundo
no puede traer de vuelta el *ayer*.
No podemos cambiar absolutamente
ninguna acción que haya acontecido *ayer*.
No podemos borrar ni siquiera
una palabra que hayamos dicho.
Ayer se ha ido para siempre.

El otro día sobre el cual no deberíamos
preocuparnos demasiado, es *mañana*.
Mañana se encuentra fuera de nuestro
control inmediato.
Mañana el sol saldrá,
ya sea en el esplendor de un cielo azul,
o tras la máscara de un día nublado.
No obstante, saldrá.
Pero hasta tanto no lo haga,
no habremos empezado nuestro *mañana*

Esto deja solamente un día: *Hoy*.
Todos podemos pelear las batallas de un solo día.
Cuando adicionamos a nuestro *hoy* el peso de esas
otras dos eternidades –el *ayer* y el *mañana*–
es que sucumbimos.

Aprendamos entonces a vivir un día a la vez.

Luis Carlos Sarmiento Angulo:
Responsable por cada aspecto de su negocio

Quizás, la responsabilidad que Luis Carlos Sarmiento Angulo siente por adelantar programas y proyectos tendientes a elevar la calidad de vida de la población colombiana, especialmente de las comunidades más marginadas, se deba a sus humildes comienzos y al hecho de que empezó su vida profesional como obrero, construyendo aceras en la ciudad de Bogotá. Sarmiento Angulo es el único empresario colombiano que ocupa un lugar en la lista de los quinientos hombres más ricos del mundo de la revista "Forbes".

Al condecorarlo con la Orden de Boyacá –el reconocimiento más alto que otorga el gobierno—, el presidente de Colombia dijo algo que resume la responsabilidad de este hombre:

"Luis Carlos Sarmiento Angulo ha hecho de Colombia el objeto de sus sueños y esfuerzos. Es representante inefable del alma empresarial de quienes enfrentan los retos del desarrollo. ¿Cuántas personas trabajan o han trabajado en las empresas que creó su imaginación emprendedora? ¿Cuántos jóvenes deben su formación académica a las becas de su fundación? ¿Cuántas familias gozan de vivienda propia gracias a su impulso constructor?"

Sin embargo, es posible que sus humildes comienzos no hubiesen servido para predecir la genialidad para los números y los negocios de este hombre, quien construyó una de las fortunas más grandes de Latinoamérica, empezando únicamente con su esfuerzo propio y su deseo de triunfar. Quienes lo conocen aseguran que no hay ley, política pública o decisión administrativa que no entienda a la perfección. Es capaz de hacer mentalmente complejas operaciones matemáticas y tiene una impresionante habilidad para realizar proyecciones a futuro. Además, nunca olvida una cifra que tenga que ver con sus negocios y se involucra hasta en el último detalle en la publicidad de su organización.

Luis Carlos es el penúltimo de nueve hermanos, nacido en medio de una familia emprendedora, con formación en el sacrificio personal. Su padre fue un hombre que con su trabajo en la explotación de maderas logró educar a todos sus hijos.

Después de graduarse como bachiller a los quince años de edad y de ingeniero civil de la Universidad Nacional a los 21, Luis Carlos decidió dedicarse a construir viviendas económicas, puesto que ya había ganado experiencia profesional trabajando en firmas constructoras desde sus épocas de estudiante.

En 1956, cuando quebrara la empresa para la cual trabajaba, decidió empezar a trabajar por su propia cuenta y abrió su primera oficina, gracias a que el arriendo costaba sólo cien pesos mensuales –sin importar que fuese solamente de 15 metros cuadrados y no tuviese vista a la calle—.

Para obtener trabajo, analizó las licitaciones orientadas a la construcción de obras públicas, que por ser pequeñas o estar localizadas en sitios en donde imperaba la violencia y la inseguridad, no alentaban la presentación de ofertas por parte de las grandes constructoras. Esta táctica le funcionó y obtuvo su primer contrato.

Luis Carlos recuerda que por esa época decidió gestionar su primer préstamo bancario, el cual le fue negado. No obstante, fiel a su visión, continuó trabajando con los recursos a su alcance. Después de tres años y 18 contratos de toda clase de obras (alcantarillados, acueductos, redes telefónicas, construcción y pavimentación de calles, construcción de escuelas y vivienda), estuvo en posición de ampliar su organización. Su esmero y dedicación rendirían grandes frutos. Muy pronto llegaría a tener la mayor firma urbanizadora del país.

Durante las dos siguientes décadas, su organización construyó un gran número de urbanizaciones que abrieron al desarrollo diversos sectores de la ciudad. Después decidió incursionar en el sector financiero para ofrecer a las personas una opción para financiar las viviendas que él mismo construía.

Durante los años ochenta y parte de los noventa, continuó su labor en el sector de la construcción, sin embargo, a mediados de los años noventa, la construcción, que era uno de los motores de la economía colombiana, comenzó a debilitarse. Muchas de las empresas constructoras quebraron y debieron ser liquidadas.

La construcción se paralizó, pero su organización le hizo frente a la crisis dedicándose a las obras de urbanismo de conjuntos residenciales y comerciales ya construidos y a la construcción y adecuación de las oficinas de bancos y corporaciones.

El 7 de enero de 1994, constituyó el que se convertiría en el Grupo Aval, el cual controla varios bancos y otras entidades financieras. De acuerdo con uno de sus socios, Sarmiento Angulo posee una extraordinaria habilidad para los negocios; "es capaz de vislumbrar una oportunidad de negocio una fracción de segundo antes que nadie, y moverse con mayor rapidez corriendo riesgos calculados".

Hoy, se encuentra al frente de su fundación, junto con sus hijos y con su esposa Fanny Gutiérrez con quien lleva 51 años de casado. Desde su creación en 1993, la fundación ha realizado múltiples proyectos en las áreas de la salud, la educación, vivienda y muchos otros programas, para ayudar a las personas más necesitadas a desarrollar los medios necesarios para convertirse en personas autosuficientes. Sin duda, el suyo es un ejemplo de lo gratificante que es haber dedicado la vida al trabajo íntegro, al amor a la familia y a mantener siempre un sentido de la responsabilidad con las demás personas, en particular con las menos favorecidas.

Plan de acción

- ¿Cuáles son las excusas, justificaciones y pretextos que comúnmente utilizas para eludir la responsabilidad para hacer aquello que sabes que debes estar haciendo? Sé absolutamente honesto contigo mismo. Recuerda que el primer paso para crear hábitos de éxito es reconocer aquellos malos hábitos de los cuales debes deshacerte.

- Toma la decisión hoy mismo que de ahora en adelante aceptarás un 100% de la responsabilidad por tus acciones y por tu éxito. Elimina de tu vocabulario las excusas que acabas de identificar. Recuerda que no siempre podemos controlar aquello que ocurre en nuestras vidas, pero sí la manera como respondemos a ello.

Hoy me comprometo a:

_____

_____

_____

_____

_____

EPÍLOGO

¿Cuál es el siguiente paso? No sé cuales sean las metas que te has propuesto alcanzar o cuales tus circunstancias presentes. Lo que sí sé es que si desarrollas las doce cualidades que analizamos en estas páginas, tú también podrás lograr todas tus metas.

Basta con mirar las circunstancias y obstáculos que debieron enfrentar los hombres y mujeres que reseñamos en esta obra, para ver que no hay ninguna excusa aceptable que te impida alcanzar tus sueños.

Roberto Goizueta, Jaime Escalante y la madre Teresa dejaron su país y triunfaron en tierras extranjeras. José Hernández era hijo de humildes campesinos. Irma Elder debió aprender de negocios después de la muerte súbita de su esposo. Vince Lombardi recibió el peor equipo de fútbol y lo transformó en pentacampeón.

Ray Kroc se puso al frente de McDonald's a los 57 años de edad, sin importarle su artritis y su diabetes. Roger Bannister y Sir Edmond Hillary consiguieron algo nunca antes logrado por ningún ser humano. Wilma

Rudolph ganó tres medallas olímpicas después que los médicos le aseguraron que nunca podría volver a caminar.

Anna Escobedo Cabral pasó de ser la primera persona en su familia en ir a la universidad a convertirse en la primera mujer hispana en ser Tesorera de los Estados Unidos y Luis Carlos Sarmiento Angulo empezó como obrero y llegó a ser uno de los latinoamericanos más ricos del mundo.

¿Qué tuvieron de especial estas personas? Que tomaron la decisión de nunca darse por vencidos. Eso fue todo. Ellos no eran los más inteligentes, ni los más rápidos, ni los que mayor educación recibieron. Tampoco nacieron en medio de familias poseedoras de grandes fortunas, ni su suerte fue el resultado de estar en el lugar apropiado en el momento justo. Su mayor mérito fue haber sido persistentes y constantes en el logro de sus sueños. Por esta razón su éxito es fuente de inspiración para todos nosotros. Espero que su ejemplo te ayude a diseñar tu propia historia de éxito.